经

青少版

靳瑞刚 / 编著

刘学强 / 译注

长江出版传媒 崇文书局

图书在版编目（CIP）数据

山海经：青少版 / 靳瑞刚编著 ; 刘学强译注 .
—武汉 ：崇文书局，2019.6（2021.6 重印）
ISBN 978-7-5403-5402-2

Ⅰ．①山…
Ⅱ．①靳… ②刘…
Ⅲ．①阅读课－小学－课外读物
Ⅳ．① G624.233

中国版本图书馆 CIP 数据核字（2019）第 073747 号

山海经：青少版

责任编辑	郑小华
责任校对	董　颖
责任印制	李佳超
出版发行	长江出版传媒　崇文书局
地　　址	武汉市雄楚大街 268 号 C 座 11 层
电　　话	(027)87680797　邮政编码　430070
印　　刷	深圳福圣印刷有限公司
开　　本	787mm×1092mm　　1/16
印　　张	11
字　　数	145 千
版　　次	2019 年 6 月第 1 版
印　　次	2021 年 6 月第 3 次印刷
定　　价	24.80 元

（如发现印装质量问题，影响阅读，请与承印厂调换）

目录

山海经·南山经

山海经·西山经

山海经·中山经

山海经·海外西经

山海经·海外南经

山海经·海内西经

山海经·海内东经

山海经·海内北经

山海经·大荒东经

山海经·南山经

鹊山·招摇山

南山经之首鹊山[1]。其首曰招摇之山，临于西海之上，多桂，多金玉。有草焉，其状如韭而青华[2]，其名曰祝余，食之不饥。有木焉，其状如榖[3]而黑理，其华四照，其名曰迷榖，佩之不迷。有兽焉，其状如禺[4]而白耳，伏行人走，其名曰狌狌[5]，食之善走。丽麂之水出焉，而西流注于海，其中多育沛，佩之无瘕[6]疾。

注释

①南山经之首曰鹊山：南山经之首指南方的第一列山系。鹊：古鹊字。②华：同"花"。③榖（gǔ）：构树。④禺（yú）：猿猴。⑤狌狌：即猩猩。⑥瘕（jiǎ）：虫病，指腹中的蛊胀病。

译文

南方的第一列山系叫作鹊山，鹊山之首叫招摇山，它耸立在西海岸边，山上多长桂树，山中蕴藏着许多金属矿产和玉石。山上生长着一种草，叶子的形状就像韭菜，花呈青色，它的名字叫祝余，吃了它不感到饥饿。有一种树木，形状像构树，有着黑色的纹理，它的光华照耀四方，这种树木的名字叫迷穀，把它佩戴在身上就不会迷失方向。有一种野兽，它的形状像猿猴，双耳是白色的，既能匍匐前行，又能像人一样直立行走，它的名字叫狌狌，吃了它就会健走。丽麂水发源于这里，向西流去，注入大海，水中多产一种称为育沛的动物，佩戴它可以不生蛊胀病。

异兽介绍

狌 狌

招摇山中还有一种野兽，形状像猿猴，但长着一双白色的耳朵，既能匍匐爬行，又能像人一样直立行走，名叫狌狌。狌狌就是现在的猩猩，性情颇像人，高约四五尺，口内有牙齿三十二颗，鼻梁塌陷。

狌狌一般在山林中用树叶建造小屋，然后居住其中。如果在年幼时将其捕捉，则能够被驯化而和主人和谐相处。古代的人认为吃了它的肉可以使人走得飞快。

传说狌狌会跟人说话，百余头为一群，出没山谷之中，它们知道过去却不能预测未来，还特别贪心，十分好酒，喜欢摆弄草鞋。于是当时的土人便常在路上摆酒，旁边还放上几十双连在一起的草鞋，狌狌们走过便知道放置这两样东西的土人和他们的祖先的名字。开始它们喊着土人和他们祖先的名字，还一边大骂："又来诱惑我，才不上你们的当呢！"然后就走开。但过了一会儿它们又会

狌狌

返回，眼睛盯着酒和草鞋，又骂，然后又走开。如此来回几次，终因抵挡不住酒和草鞋的诱惑，便相互嚷着要喝酒，还把草鞋套在脚上。结果喝得大醉，这时土人便出来捕捉它们，醉醺醺的脑袋和连着的草鞋让它们想跑都跑不动，便一起被土人捉住。

它们知道人类摆酒的目的，却因为贪心，禁不住诱惑而成为人类的盘中餐。而且古人还保留着一种原始观念，认为只要吃了某种强悍的动物的肉，便会将对方的力量和灵气吸收到自己身上。据说吃了狌狌的肉，便能吸收狌狌"善走"的本领，从而健步如飞。当然，以现代科学观点来看，这种观念是没有任何依据的。

猨翼山

又东三百八十里，曰猨翼之山[1]，其中多怪兽，水多怪鱼，多白玉，多蝮虫[2]，多怪蛇，多怪木，不可以上。

◎ 注 释

①猨翼之山：也作稷翼山或即翼山。②蝮（fù）虫：反鼻虫。

◎ 译 文

再往东三百八十里，有座山叫猨翼山，山中生存着好多怪兽，水中游动着许多怪鱼，有许多白色玉石，有许多反鼻虫，有许多奇怪的蛇，还有许多奇形怪状的树木，但不可攀登。

杻阳山

又东三百七十里，曰杻阳之山，其阳多赤金，其阴多白金。有兽焉，其状如马而白首，其文如虎而赤尾，其音如谣①，其名曰鹿蜀，佩之宜子孙。怪水出焉，而东流注于宪翼之水。其中多玄龟，其状如龟而鸟首虺②尾，其名曰旋龟，其音如判木③，佩之不聋，可以为底④。

注释

①谣：如人唱歌。②虺（huǐ）：一种毒蛇。③判木：劈开木头，这里指劈开木头的声音。判：劈，分。④为底：治疗足茧。为：治疗。底：同"胝"，指足茧。

译文

又向东三百七十里，有座山叫杻阳山，它的南坡多产赤金，它的北坡多产白金。山中有一种野兽，形状像马而头呈白色，身上的斑纹像老虎而尾巴是红色的，叫声像人歌吟，它的名字叫鹿蜀，佩戴它的皮毛可以使子孙兴旺繁衍。有叫怪水的河流发源于这里，向东流注入宪翼水。水中多产黑红色的乌龟，形状像普通的乌龟，但长着鸟头和毒蛇一样尖尖的尾巴，它的名字叫旋龟，它叫的声音像劈开木头的声音一样，佩戴它可以使人耳朵不聋，还可以治疗足底老茧。

亶爰山

又东四百里，曰亶爰之山，多水，无草木，不可以上。有兽焉，其状如狸①而有髦②，其名曰类③，自为牝牡④，食者不妒。

注 释

①狸：野猫。②髦：头发。③类：一种兽名，雌雄同体。④牝牡（pìn mǔ）：指雌雄。牝：雌。牡：雄。

译 文

再向东四百里，有山叫亶爰山，多流水，不生草木，不可以攀登。山上有野兽，形状像野猫而头上长着头发，它的名字叫类，能自体繁殖，吃了它可以不生嫉妒之心。

青丘山

又东三百里，曰青丘之山，其阳多玉，其阴多青䔄[1]。有兽焉，其状如狐而九尾，其音如婴儿，能食人，食者不蛊[2]。有鸟焉，其状如鸠[3]，其音若呵[4]，名曰灌灌[5]，佩之不惑。英水出焉，南流注于即翼之泽[6]。其中多赤鱬[7]，其状如鱼而人面，其音如鸳鸯，食之不疥[8]。

赤鱬

注 释

①䔄（huò）：青色或红色的矿物，古人当作很好的颜料。②蛊（gǔ）：害人的热毒恶气。③鸠（jiū）：鸟名。④呵：像人的呼喊、吆喝声。⑤灌灌：鸟名。⑥泽：水汇聚之处。⑦赤鱬（rú）：人鱼。⑧疥：疥疮。

九尾狐

译文

又向东三百里，有山叫青丘山，山的南坡多产玉石，山的北坡多产一种青色的颜料。有这样一种野兽，它的形状像狐狸却长了九条尾巴，发出的叫声像婴儿啼哭一样，能吃人，如果人吃了它的肉可以避免妖邪之气。有一种鸟，它的形貌与鸠极为相似，它的声音像人的呵斥声，它的名字叫灌灌，如果人佩戴了它可以不被迷惑。英水从此发源，南流注入即翼泽中。水里有很多人鱼，它的身子似普通的鱼，但长着一副人的面孔，它的叫声像鸳鸯，人如果吃了它的肉可以不生疥疮。

柜 山

南次二经之首，曰柜山，西临流黄[1]，北望诸毗，东望长右。英水出焉，西南流注于赤水，其中多白玉，多丹粟[2]。有兽焉，其状如豚，有距[3]，其音如狗吠，其名曰狸力，见则其县多土功。有鸟焉，其状如鸱[4]而人手[5]，其音如痺[6]，其名曰鴸，其名自号[7]也，见则其县多放士。

注 释

①流黄：古国，流黄酆氏国。②丹粟：指细的丹砂。③距：指雄鸡、雉等的腿的后面突出像脚趾的部分。④鸱：指鹞鹰。⑤人手：这里指鸟的脚像人手。⑥痺（pí）：鸟的名字，即雌鹌鹑。⑦自号：自己呼自己的名字。

译 文

南方第二列山系的第一座山叫作柜山，这座山的西侧是流黄酆氏国，北边可以看到诸毗山，东边可以看到长右山。英水发源于此，向西南流入赤水，水中多产白色的玉石，有很多粟粒般细的丹砂。有一种野兽，它的形状像小猪，有雄鸡一样的脚，叫的声音像狗，它的名字叫狸力。它出现在哪个县，哪个县一定有繁忙的土木工程。有一种鸟，它的形状像鹞鹰，而爪子就像人的手，它的叫声像痹，它的名字叫鴸，据说它的叫声叫的就是自己的名字。它出现在哪个县，哪个县的才智之士就多被放逐。

异兽介绍

鴸

柜山中还有一种鸟，形状像鹞鹰却长着人手一样的爪子，啼叫的声音如同雌鹌鹑，名字叫鴸，它的鸣叫声就是自呼其名，十分难听。鴸是一种不祥之鸟，它在哪个地方出现哪里就一定会有众多的文士被流放，因为它是流放者灵魂的化身。

传说鴸是尧的儿子丹朱所化，丹朱是尧的十个儿子中最大的一个，也是最不成器的一个。他为人傲虐而顽凶，喜欢到处游玩。那时候洪水为害，他便整天坐着船东游西逛，觉得很有意思。后来，洪水被大禹治理平息了，他仍指使人昼夜不停地替他推船，这便是"陆地行舟"的由来。尧看丹朱实在没有担当治理国家重任的能力，便把天下让给了舜，而把他流放到南方的

鴸

丹水去做诸侯。当时住在中原的一个叫三苗的部族首领很同情丹朱，便联合他一起抗尧，结果失败，三苗首领也被杀。丹朱带着残军，一路逃到了南海，对着茫茫大海，进退无路，羞愧难当，于是投海而死。死后他的灵魂化为鵕鸟。

由于鵕鸟外形凶恶，叫声和"诛"相似，十分不吉利，因此常常招人厌恶。而丹朱的后裔聚集在南海附近，渐渐建立了一个国家，也就是丹朱国。那里的人样子非常奇异，都长着人的面容和鸟的翅膀，但是翅膀不能飞，只能当拐杖扶着走路。

长右山

东南四百五十里，曰长右之山，无草木，多水。有兽焉，其状如禺①而四耳，其名长右②，其音如吟，见则其郡县③大水。

注 释

①禺：长尾猴。②长右：因为山中出产这种野兽，因而以兽为名。③郡县：郡、县均为古代的行政区划名称。

译 文

向东南四百五十里，有山叫长右山，山上不生草木，但多水源。山中有一种野兽，形状像长尾猴，但长着四只耳朵，名字叫长右，声音像人的呻吟声，有它出现的郡县会发生大水灾。

长右

尧光山

又东三百四十里，曰尧光之山，其阳多玉，其阴多金。有兽焉，其状如人而彘鬣[1]，穴居而冬蛰，其名曰猾裹，其音如斫[2]木，见则县有大繇[3]。

注 释

①彘鬣 (zhì liè)：指猪鬣。彘：猪。鬣：兽颈上精而硬的长毛。②斫 (zhuó)：用刀斧砍、伐。③繇 (yáo)：通"徭"，指徭役。

译 文

再向东三百四十里，有山叫尧光山，它的南坡多产玉石，北坡多产金属矿物。有一种野兽，样子像人而身上长着像猪一样的长鬣毛，生活在洞穴之中，冬季蛰居不出，名字叫猾裹，它的叫声如同砍伐树木的声音，它出现的地方就会有繁重的徭役。

羽 山

又东三百五十里，曰羽山，其下多水，其上多雨，无草木，多蝮虫。

译 文

再向东三百五十里，有山叫羽山，山下多水，山上多雨，草木不生，到处都有反鼻虫。

浮玉山

又东五百里，曰浮玉之山，北望**具区**①，东望诸㠄。有兽焉，其状如虎而牛尾，其音如吠犬，其名曰彘，是食人。苕水出于其阴，北流注于具区。其中多**鮆鱼**②。

注释

①具区：古泽薮，今江苏太湖。②鮆（jì）鱼：头长，身狭而薄长，又叫刀鱼。

译文

再向东五百里，有山叫浮玉山，北边可以看到具区泽，东边可以看到诸㠄水。有这样一种野兽，它的样子像虎，可是生了条牛的尾巴，它的声音像狗叫，它的名字叫彘，能吃人。苕水发源于它的北部，向北流注入具区泽。泽中多鮆鱼。

彘

洵 山

又东四百里，曰洵山，其阳多金，其阴多玉。有兽焉，其状如羊而无口，**不可杀**[1]也，其名曰䍺。洵水出焉，而南流注于阏之泽，其中多**此赢**[2]。

䍺

鹿吴山

又东五百里，曰鹿吴之山，上无草木，多金石。泽更之水出焉，而南流注于滂水。水有兽焉，名曰**蛊雕**[1]，其状如雕而有角，其音如婴儿之音，是食人。

注释

①**蛊雕**：鸟的名字，属于鹰类。

译文

再向东五百里，有山叫鹿吴山，山上草木不生，但多产金属矿石和玉石。泽更水发源于此，向南流注入滂水。水中有野兽，名字叫蛊雕。它的形状像雕而生有角，它的声音像婴儿的啼哭一般，会吃人。

蛊雕

祷过山

东五百里，曰祷过之山，其上多金玉，其下多犀、**兕**[1]，多象。有鸟焉，其状如**鹪**[2]，而白首、三足、人面，其名曰瞿如，其鸣自号也。浪水出焉，而南流注于海。其中有虎**蛟**[3]，其状鱼身而蛇尾，其音如鸳鸯，食者不肿，可以**已**[4]痔。

注释

①**兕**（sì）：独角兽，似水牛，青色，一角，重千斤。②**鹪**（jiāo）：像兕一样的水鸟，身体比兕小，脚与尾巴靠得很近。③**蛟**：

龙的一种。④已：停止。这里是治愈的意思。

译 文

　　向东五百里，有山叫祷过山，山上多产金属矿和玉石，山下有许多的犀牛、独角兽、大象。有这样一种鸟，它的形状像鸡，而头为白色，长着三只脚和一副人的面孔，它的名字叫瞿如，它的叫声很像它自己的名字。泿水从这里流出，流向南方，注入大海。水中多虎蛟，它身体的形状像鱼而长着蛇的尾巴，它的叫声像鸳鸯，吃了它的肉可以不生浮肿病，还可以治愈痔疮。

丹穴山

　　又东五百里，曰丹穴之山，其上多金玉。丹水出焉，而南流注于渤海¹。有鸟焉，其状如鸡，五采²而文，名曰凤皇，首文曰德，翼文曰顺，背文曰义，膺³文曰仁，腹文曰信。是鸟也，饮食自然，自歌自舞，见则天下安宁。

注 释

　　①渤海：不是指今渤海，根据地理位置判断应是指今南海。②五采：指色彩很丰富。采：通"彩"。③膺（yīng）：胸脯。

译 文

　　又向东五百里，有山叫丹穴山，山上多产金属矿和玉石。丹水从此流出，向南流注入渤海。有一种鸟，它的形状像鸡，身披五彩斑斓的形成各种花纹的羽毛，名字叫凤凰。它头上有形状似"德"字的花纹，翅膀上有形状似"顺"字的花纹，背上有形状似"义"字的花纹，胸脯上有形状似"仁"字的花纹，腹部有形状似"信"字的花纹。这种鸟啊，饮食取自自然，自己能歌善舞，它一出现天下就会太平。

神话故事演绎

百鸟朝凤

一天，伏羲巡视到西山桐林，只见金、木、水、火、土五星之精，纷纷飘落在梧桐树上。顿时仙乐飘飘，香风习习。又见瑞气千条，霞光万道。天空彩屏开处，祥云托着美丽的大鸟，翩翩降落在那棵梧桐树上，其余的鸟纷纷飞集在各处树上，朝着两只美丽的大鸟齐鸣。伏羲见到这奇异景象，忙招来辅佐他的春神句芒问个究竟。句芒笑着对伏羲说："这两只最大的鸟就是凤凰啊！"

别看此时凤凰如此美丽高贵，其实很久很久以前，凤凰只是很不起眼的小鸟，羽毛也很平常，丝毫不像传说中的那般光彩夺目。但凤凰有一个优点，就是很勤劳。凤凰不像别的鸟那样吃饱了就知道玩，而是从早到晚忙个不停，将别的鸟扔掉的果实一颗一颗捡起来，藏在洞里。

凤凰为什么要这么做呢？别小看这种贮藏食物的行为，到了关键时候，这些食物可就发挥大作用了！

有一年，森林大旱。鸟儿们觅不到食物，都饿得头昏眼花，快支撑不下去了。这时，凤凰急忙打开山洞，把多年积存下来的干果和草籽拿出来分给大家，和大家共渡难关。

旱灾过后，为了感谢凤凰的救命之恩，鸟儿们都将自己身上最漂亮的一根羽毛拔下来，制成了光彩耀眼的百鸟衣献给凤凰，并一致推举凤凰为百鸟之王。

此后，每逢凤凰生日，四面八方的鸟都会飞来向凤凰表示祝贺，这就是百鸟朝凤。

令丘山

又东四百里，曰令丘之山，无草木，多火。其南有谷焉，曰中谷，条风[1]自是出。有鸟焉，其状如枭[2]，人面四目而有耳，其名曰颙，其鸣自号也，见则天下大旱。

注 释

①条风：东北风。②枭（xiāo）：一种凶猛的鸟，以捕食老鼠、兔子等为生。

译 文

又向东四百里，有山叫令丘山，山上不生草木，有很多火焰。它的南边有个山谷，叫中谷，东北风从这吹出。这里有一种鸟，它的形状像枭，长着人的面孔，但却生有四只眼睛，还有耳朵，它的名字叫颙，它的叫声就像喊它自己的名字，只要它一出现，天下就会发生大旱灾。

颙

山海经·西山经

华山·钱来山

西山经华山之首，曰钱来之山，其上多松，其下多洗石[1]。有兽焉，其状如羊而马尾，名曰羬羊[2]，其脂可以已腊[3]。

🔘 注　释

①洗石：洗澡时用来去除污垢的石头。②羬（qián）羊：一种怪兽，样子像羊，但长着马的尾巴。③已腊（xī）：医治干皲的皮肤。已：治疗。腊：皮肤皲皱。

🔘 译　文

西山经华山山系的第一座山叫钱来山，着很多松树，山下多产洗石。山中有这样一种野兽，它的形状像羊，但长着马的尾巴，它的名字叫羬羊，它的油脂可以治疗皮肤皲皱。

羬羊

松果山

西四十五里，曰松果之山。濩水出焉，北流注于渭[1]，其中多铜。有鸟焉，其名曰螐渠，其状如山鸡，黑身赤足，可以已𦜝[2]。

注 释

①渭：渭水，位于秦岭以北。②𦜝（báo）：指皮皱起。

译 文

向西四十五里，有山叫松果山。濩水从这里流出，向北流，注入渭水，山中有很多铜矿。有一种鸟，它的名字叫螐渠，它的形状就像山鸡，黑黑的身子，红红的脚，吃了它的肉可以治疗皮肤皱皱。

小华山

又西八十里，曰小华之山[1]，其木多荆、杞，其兽多牚牛[2]，其阴多磐石[3]，其阳多㻬琈[4]之玉。鸟多赤鷩[5]，可以御火。其草有萆荔[6]，状如乌韭，而生于石上，亦缘木而生，食之已心痛。

注 释

①小华之山：今少华山，在陕西省华阴市东南。②牚（zuó）牛：一种山牛，可产千斤之肉。③磐（qìng）石：乐石，可以当作磬这种乐器来敲击。④㻬琈（tū fú）：玉名，其形状不详。⑤赤鷩（bì）：即

锦鸡，山鸡之属。⑥萆（bì）荔：一种香草。

译 文

再向西八十里，有山叫小华山，山上的树木多为荆木和枸杞，山中的兽类多为牸牛，它的北坡多产可以做乐石的磬石，它的南坡多产琈珚玉。鸟多是赤鷩，养它可以防御火灾。山上产一种叫草荔的香草，形状像乌韭，生长在石头之上，也攀着树木生长，吃了它可以治疗心痛病。

符禺山

又西八十里，曰符禺之山，其阳多铜，其阴多铁。其上有木焉，名曰文茎，其实如枣，可以已聋。其草多条，其状如葵，而赤华黄实，如婴儿舌，食之使人不惑。符禺之水出焉，而北流注于渭。其兽多葱聋，其状如羊而赤鬣。其鸟多鴖①，其状如翠②而赤喙③，可以御火。

注 释

①鴖（mín）：一种鸟，样子像翠鸟，赤喙。②翠：即"翠鸟"，又叫"钓鱼郎"，鸟的一种。③喙（huì）：鸟的嘴。

译 文

再向西八十里，有山叫符禺山，山的南坡多产铜，山的北坡多产铁。山上有一种树木，名字叫文茎，它结的果实像枣般大小，可以作为药用，吃了它，可以治疗耳聋。山上生长着很多叫条的草，它的形状与葵极像，但开红色的花，结黄色的果。果实像婴儿的舌头，吃了它可以使人不迷惑。符禺水从这里发源而出，流向北方，注入渭水。山中生存着一种叫葱聋的野兽，它的形状像羊而生着红色的鬣毛。山中的鸟多为鵸，它的形状像翠鸟但长着红色的嘴，养它可以用来防火。

葱聋

英 山

又西七十里，曰英山，其上多枏¹、檀²，其阴多铁，其阳多赤金。禺水出焉，北流注于招水，其中多鮮鱼，其状如鳖，其音如羊。其阳多箭³、䈽⁴，其兽多㸲牛、羬羊。有鸟焉，其状如鹑，黄身而赤喙，其名曰肥遗，食之已疠⁵，可以杀虫。

🌀 注 释

①枏（niǔ）：树木名，与棣树相似，但叶子较细。②檀：树木名，木质坚硬，可以用来造车。③箭：箭竹。④䈽（mèi）：䈽竹，竹里较厚，竹节较长，扎根较深，竹笋可以食用。⑤疠：即"麻风病"。

🌀 译 文

再向西七十里，有山叫英山，山上生长着较多的枏树和檀树。山的北坡多产铁，山的南坡多产赤金。禺水发源于此，流向北方，注入招水，水中多鮮鱼，它的形状很像鳖，它的叫声如同羊叫。山的南坡多产箭竹和䈽竹，在兽类中多见㸲牛和羬羊。有一种鸟，

鮮鱼

019

它的形状像鹌鹑，有着黄色的身体和红色的嘴壳，它的名字叫肥遗，吃了它可以治疗麻风病，还可以杀死腹中的寄生虫。

竹 山

又西五十二里，曰竹山，其上多乔木，其阴多铁。有草焉，其名曰黄蓮，其状如樗[1]，其叶如麻，白华而赤实，其状如赭[2]，浴之已疥，又可以已胕[3]。竹水出焉，北流注于渭，其阳多竹箭，多苍玉。丹水出焉，东南流注于洛水，其中多水玉，多人鱼。有兽焉，其状如豚而白毛，毛大如笄[4]而黑端，名曰豪彘[5]。

注 释

①樗（chū）：植物名。俗名"臭椿"。②赭（zhě）：紫红色。③胕（fú）：浮肿病。④笄（jī）：簪子，古代用来插住绾起的头发或弁冕，用金属、玉石等制成。⑤豪彘：豪猪，俗称箭猪。

译 文

再向西五十二里，有山叫竹山，山上生长着很多高大的乔木，山的北坡蕴藏着丰富的铁矿。有一种草名叫黄蓮，它的形状像臭椿树，它的叶子像麻，开白色的花却结红色的果实，果实的颜色还略带点紫红色，拿这种果实浸在水中洗澡可以治疗疥疮，还可以治疗浮肿。竹水从这里流出，向北流，注入渭水。水的北面生长着大片的竹箭，多产苍玉。丹水发源于这座山，向东南流，注入洛水，水中多产水晶，有很多的人鱼。有一种野兽，形状像一头小白猪，白色的毛像簪子那么粗，顶端却是黑色的，它的名字叫箭猪。

异兽介绍

豪彘

竹山中还生活有一种野兽，形状像小猪，长着白色的毛，如簪子粗细，尖端呈黑色，名叫豪彘，也就是现在的豪猪。豪彘经常二三百头一起，成群结队地去偷吃农民地里的庄稼，给周围人们的生活带来了很大困扰。在受到驱赶或追捕时，豪彘会使劲鼓气，将自己身上又尖又长的刺发射出去，刺伤猎食者，从而救自己一命。不过有意思的是，这刺能保护自己，却也给豪彘带来诸多不便。传说寒冷时，豪彘便聚在一起，它们拼命地拥挤着、紧挨着，以相互取暖。但是由于每头豪彘的身上都长满了尖刺，挤得太紧，它们就痛得嚎叫起来，于是，豪彘们又互相闪开，本能地拉开距离。但过一会儿，它们又禁不住寒冷的侵袭，挤挨在一堆了，然后疼痛又让它们分开。就这样分分合合，合合分分，到最后也不得消停。

豪彘

羭次山

又西七十里，曰羭次之山，漆水出焉，北流注于渭。其上多棫[1]、橿，其下多竹箭，其阴多赤铜，其阳多婴[2]垣[3]之玉。有兽焉，其状如禺而长臂，善投，其名曰嚣[4]。有鸟焉，其状如枭，人面而一足，曰橐𩙿，冬见夏蛰，服之不畏雷。

注释

①棫（yù）：木名，指棫木。②婴：妇女颈饰，似现代的项链。③垣：此字传写错误，可能为"胫"字之误，即颈项。④嚣（xiāo）：猕猴一样的兽，形貌与人类相似。

译文

再向西七十里，有山叫瀚次山，漆水发源于这座山，流向北方，注入渭水。山上生长着很多棫树和橿树，山下生长着茂盛的竹丛，山的北坡多产赤铜，山的南坡多产系在颈部用作装饰品的玉。有一种野兽，它的样子酷似长尾猴却长着长长的臂，善于投掷，它的名字叫

橐蜚

嚣。还有一种鸟，它的样子像枭，长着人的面孔，只生了一只脚，它的名字叫橐蜚，它的生活习性是冬天外出活动，夏天蛰居，把它的羽毛披在身上就不怕打雷。

皋涂山

西南三百八十里，曰皋涂之山，蔷水出焉，西流注于诸资之水；涂水出焉，南流注于集获之水。其阳多丹粟，其阴多银、黄金，其上多桂木。有白石焉，其名曰礜[1]，可以毒鼠。有草焉，其状如藁茇[2]，其叶如葵而赤背，名曰无条，可以毒鼠。有兽焉，其状如鹿而白尾，马足人手[3]而四角，名曰玃如。有鸟焉，其状如鸱而人足，名曰数斯，食之已瘿。

注释

①礜（yù）：礜石，也称毒砂，即硫砒铁矿。煅之成末，可以杀鼠，亦可以入药。②茇（bá）：藁茇，一种香草。③人手：前两脚像人的两手。

译文

向西南三百八十里，有山叫皋涂山，蔷水发源于这座山，向西流注入诸资水；涂水也发源于这里，向南流注入集获水。山的南坡多产像粟米一样细的丹砂，山的北坡多产银和黄金，山上生长着茂盛的桂木。有一种白色的石头，它的名字叫礜，这种石头的粉末可以毒死老鼠。有一种草，它的形状像藁茇，它的叶子像葵一样，但背面是红色的，它的名字叫无条，可以用来杀死老鼠。有一种野兽，它的形状像鹿而生着白色的尾巴，后脚像马蹄，前脚像人手，头上长着四只角，它的名字叫玃如。这里有一种鸟，它的形状像鸱而长着人一样的脚，名叫数斯，吃了它的肉可以治疗脖子上的肉瘤。

槐江山

又西三百二十里，曰槐江之山。丘时之水出焉，而北流注于泑水。其中多蠃母[1]，其上多青、雄黄，多藏琅玕[2]、黄金、玉，其阳多丹粟，其阴多采黄金、银。实惟帝之平圃，神英招司之，其状马身而人面，虎文而鸟翼，徇[3]于四海，其音如榴[4]。南望昆仑，其光熊熊，其气魂魂[5]。西望大泽[6]，后稷[7]所潜也。其中多玉，其阴多榣木[8]之有若[9]。北望诸毗，槐鬼离仑居之，鹰鹯[10]之所宅也。东望恒山四成，有穷鬼居之，各在一搏⑪。爰有淫水⑫，其清洛洛⑬。有天神焉，其状如牛，而八足二首马尾，其音如勃皇⑭，见则其邑有兵。

注释

①蠃母：即蜗牛。②琅玕（láng gān）：像珠玉一样的石头。③徇：巡视，巡行。④榴（liú）：疑当作"摺"，同"抽"，抽取。⑤魂魂：恢宏的样子。⑥大泽：后稷所葬之所。传说后稷出生以后就灵慧先知，死后化形于此泽为神。⑦后稷：周人的祖先。传说为虞舜时的农官，善于种庄稼。⑧櫾（yáo）木：比较高大粗壮的树木，树干上又长着若木。⑨若：若木，神话中的一种树木，奇异而具有灵性。⑩鹯（zhān）：鸟名，鹞鹰之类。⑪搏：亦作"抟（tuán）"，把分散的东西捏成团。这里是聚集的意思。⑫淫（yáo）水：这里指瑶水。⑬洛洛：水流的样子。⑭勃皇：具体不详。

译文

再向西三百二十里，有山叫槐江山，丘时水发源于这座山，流向北方，注入泑水。丘时水中产蠃母，槐江山上多产石青和雄黄，多产似珠玉的美石、黄金和美玉，山的南坡多产细如粟粒的丹砂，山的北坡蕴藏着带有符采的黄金和白银。这里实在可以说是天帝的园圃，天神英招管理着它，英招的身子像马但长着人的面孔，全身有虎皮纹，生着鸟的翅膀，巡行在四海之内，它发出的声音就像辘轳抽水的声音。在槐江山向南可以看到昆仑山，昆仑山光焰熊熊，气势恢宏。向西可以看到大泽，就是后稷所葬的地方。泽中多产玉石，泽的南面生长着粗壮高大的櫾木，櫾木上又长着奇异而具有灵性的若木。向北望去可以看到诸毗山，是槐鬼离仑居住之所，也是鹰与鹯等猛禽的栖居之地。向东可以看到高有四重的恒山，是有穷鬼居住的地方，有穷鬼类聚群分各居一方。槐江山上有瑶水，水清荡漾，汩汩而流。槐江山还有天神，他长得很像牛，有八只脚、两个头和一条马尾巴。它的叫声如同勃皇，它一出现，当地就会发生战乱。

农业始祖后稷

相传帝喾平息共工之乱后去四方巡狩，一天，帝喾携妻子姜嫄到泰山一带，远远看见东南角上有座山，山上有茂密的树林，林中隐约有一所房屋，非常高大。帝喾感到很好奇，就问当地百姓，得知那是女娲娘娘的庙，庙被称为閟宫，当地人每逢祭祀或者有什么重大的事情，必须经过聚会商量后，才去开这个庙门；其余日子总是闭着的，所以叫它閟宫。而且那里没有儿子的人，只要诚心去祭祀祷求，就会立刻有子，非常灵验。帝喾听后，忽然心有所动，回头看了姜嫄一眼，没有说话。当天晚上，帝喾向姜嫄说："女娲娘娘是创世之神，而且古今的人都叫她神媒，是专管天下男女婚姻之事的。男女婚姻无非为了生儿育女，所以她既然管了婚姻之事，想必也兼管生子之事。刚才百姓说向她求子非常灵验，我们已成婚多年，你还没有生育，从明天起斋戒三日，和我一起去那里求子，怎么样？"姜嫄笑着回答："我差不多都老了，哪里还能生子呢？"帝喾说："不会的。古有五六十岁的妇人还能生产，何况你呢？而且这位女娲娘娘，是位善心的女神。我们只要诚心去求，肯定会灵验的。"说完，立刻就让姜嫄斋戒三日，并挑了一只毛色纯黑的牛做祭品，往閟宫而去。刚到庙门，只见路旁泥泞上有一个极大的脚印，五个脚趾，足有八尺多长，单就那个大脚趾，也比寻常人的整只脚还要大。看它的方向，足跟在后，脚趾朝着庙门，应该是走进庙的时候所踏的。那时帝喾正在仔细看那庙宇的结构，仰着头，没有留心。而姜嫄低着头行走，早就看见了，非常吃惊，心想天下竟有这样大的脚，那么这个人一定非常高大吧！姜嫄正想着，竟不知不觉一脚踏到那巨人的足迹上去了，所踏的恰恰是那个大脚趾。

谁知一踏上去，姜嫄如同触电一般，立刻觉得全身酥软，飘飘欲仙，几乎要伏倒在地。回去后，姜嫄没有把踩巨人脚印的事告诉丈夫。不久，她就怀孕了。

十月怀胎后，姜嫄没有任何痛楚地分娩了，谁知却生下一个怪胎：既不是猫，也不是狗，而是一个圆圆的肉球。姜嫄害怕极了，以为这肉球是不祥之物，派人暗地里把它抛在宫墙外的小巷中。但那领命的下人回来后就讲起一桩怪事，说肉球抛在路上，连过路的牛羊都小心谨慎绕着道走，生怕踩伤了它。姜嫄听了半信半疑地说："既然这样，那就把它抛远点，抛到山林里去吧。"那个人接到命令再次出发，但是不久，他就又捧着肉球回来了："这次我把它丢在树林里，却突然不知从哪来了许多砍树的人，他们把它捡起来又还给我了。"无奈之下，姜嫄狠了狠心说："那就把它抛到池子里去吧。"当时池子里已经结冰，这人把肉球抛上去之后，忽然有一只大鸟，从天边飞来，绕着寒冰上的肉球回旋悲鸣。最后落在肉球旁边，用一只翅膀盖在肉球上面，另一只翅膀垫在肉球下面给它取暖，像母亲怀抱爱儿一般。这人看了，更是觉得惊奇，便踏着冰层想到池子中心去看个究竟。

大鸟见有人过来，便"嘎"地怪叫了一声，丢开肉球，从池面飞起，向着天空边飞边叫，一直远飞而去。这鸟刚刚飞去，就听见"呱呱"的孩子哭泣声从肉球当中传来。这人走近一看，肉球已经像蛋壳般裂开，露出了一个胖壮结实的小婴孩，他浑身都冻得通红，正躺在裂开的肉球里啼哭呢！这人又是惊讶，又是欢喜，急忙把小婴儿抱起来，用衣裳包裹着他，小心翼翼地带回去给他的母亲姜嫄。

姜嫄抱着这个险些被丢弃的婴儿，真是喜出望外，回想种种神异经历，觉得孩子长大后必有一番作为，于是尽心竭力地养育他，使他长大成人。因为他曾经被抛弃过，所以就给他取名叫"弃"。弃从小就喜欢农艺，长大后又教人民栽种五谷的方法，所以他的子孙又尊称他为"后稷"。

昆仑丘

西南四百里，曰昆仑之丘，实惟**帝之下都**[1]，神陆吾司之。其神状虎身而九尾，人面而虎爪；是神也，司天之**九部**[2]及帝之**囿**[3]时。有兽焉，其状如羊而四角，名曰土蝼，是食人。有鸟焉，其状如蜂，大如鸳鸯，名曰钦原，蠚鸟兽则死，蠚木则枯。有鸟焉，其名曰**鹑鸟**[4]，是司帝之百服。有木焉，其状如棠，黄华赤实，其味如李而无核，名曰沙棠，可以御水，食之使人不溺。有草焉，名曰薲草，其状如葵，其味如葱，食之已劳。河水出焉，而南流东注于**无达**[5]。赤水出焉，而东南流注于汜天之水。洋水出焉，而西南流注于丑涂之水。黑水出焉，而西流于**大杅**[6]。是多怪鸟兽。

注释

①**帝之下都**：天帝在下界的都邑。②**九部**：即九域之部界。③**囿**：古代帝王畜养禽兽的林园。④**鹑鸟**：这里指传说中凤凰之类的鸟。⑤**无达**：山名。⑥**大杅**：山名。

译文

向西南四百里，有山叫昆仑丘，是天帝在下界的都邑，天神陆吾掌管着这个地方。这个神长着老虎的身子，有九条尾巴，长着人的面孔和虎的爪子。这个神啊，掌管着上天九域的部界和天帝的苑囿时节。山中有一种野兽，它的形状像羊，但长着四只角，名叫土蝼，这种野兽能吃人。山中有一种鸟，形状像蜂，如鸳鸯般大小，名叫钦原，蜇了鸟兽，鸟兽就会死；蜇了树木，树木就会干枯。还有一种鸟，它的名字叫鹑鸟，它主管着天帝日常所用的器具及服饰。山中有一种树木，它的形状像棠树，开黄色的花，结红色的果，果实的味道像李子但没有核，它的名字叫沙棠，可以防水，吃了它可以使人不沉溺。有一种草，名叫薲草，它的形状像葵，味道像葱，吃了它可以驱除疲劳。河水发源于这座山，向南流继而向东，注入无达山的湖泊里。赤水也发源于这座山，但流向东南，注入氾天水。洋水也发源于这座山，但流向西南，注入丑涂水。发源于这座山的还有黑水，但向西流注入大杅山的湖泊。这座昆仑丘多产怪鸟和野兽。

章莪山

又西二百八十里，曰章莪之山，无草木，多**瑶、碧**[1]。所为甚怪。有兽焉，其状如赤豹，五尾一角，其音如击石，其名曰狰。有鸟焉，其状如鹤，一足，赤文青质而白喙，名曰**毕方**[2]，其鸣自叫也，见则其邑有**讹火**[3]。

注　释

①**瑶、碧**：瑶与碧皆为玉石。②**毕方**：传说中的一种鸟。③**讹火**：怪火。

译　文

再向西二百八十里，有山叫章莪山，山上不长草木，多产瑶与碧一类的玉石。山中经常出现一些很奇异的东西。山中有一种野兽，它的模样像红色的豹子，生着五条尾巴和一只角，发出的声音如同敲击石头，它的名字叫狰。还有一种鸟，它的模样像鹤，只有一只脚，它长着红色的斑纹、青色的身子、白色的

毕方

嘴壳，名叫毕方，它的叫声就像呼叫自己的名字，它一出现，当地就会发生怪火。

异兽介绍

毕 方

章莪山中有一种禽鸟，形状像仙鹤，但只有一只脚，身上的羽毛是青色的，上面有红色的斑纹，还长着一只白色的喙，其名字叫毕方，它整天叫着自己的名字。毕方是一种神鸟，传说是木头所生，故被称为木之精。相传当年黄帝在西泰山上召集鬼神时，毕方扮演的就是随行神鸟的护卫角色：六条蛟龙为黄帝驾象车，毕方随车而行，蚩尤在前面开道，风伯扫尘，雨师扫道，虎狼在前，鬼神在后，螣蛇在地上匍匐，凤凰在天空飞舞，整个队伍气势壮观，威风凛凛。传说汉武帝时期，外方国家曾经献独足鹤作为贡品，满朝官员都不认识，只有东方朔知道它是《山海经》里所记载的毕方，于是一时间，满朝皆习《山海经》。毕方还是一种兆火之鸟，它在哪个地方出现哪里就会发生怪火。传说毕方常常衔着火种在人家屋子上兴怪火。据说陈后主时，很多独足鸟汇聚在大殿上，纷纷用喙画地，并写出文字，大意为：独足鸟上高台，一切都要化为灰烬。古人把毕方看成火之兆，某地发生大火之后，当地文人往往以为是毕方所为，于是便撰《逐毕方文》之类的文章以禳灾。另外，因为毕方形貌似鹤，而鹤被古人认为是种寿禽，所以也有一种毕方主寿的说法，认为人如果见到毕方鸟，就可长寿。

阴 山

又西三百里，曰阴山。浊浴之水出焉，而南流注于蕃泽，其中多文贝。有兽焉，其状如狸而白首，名曰天狗，其音如榴榴，可以御凶。

译文

再向西三百里，有山叫阴山。浊浴水发源于这座山，向南方流注入蕃泽，水中多产带有花纹的贝类。有一种野兽，样子像狸，但长着白色的脑袋，它的名字叫天狗，能发出"榴榴"的声音，人可以畜养它用来防御凶邪。

神话故事演绎

天狗吞月

传说远古的时候，天上有十个太阳，人们热得受不了，非常痛苦。后来一个叫后羿的神射手为民除害，射落了九个太阳，只留下一个太阳照耀大地，大地终于又恢复了生机，人们的生活也逐渐正常起来。

王母娘娘为了奖赏后羿，表彰他的功劳，于是托梦给他，让他某年某月去西山取长生不老药。后羿醒来之后虽然将信将疑，但是最后还是决定去看一下。后羿的猎犬知道主人的心思，心里非常不高兴，但是也没办法，只好跟在后羿身后。

后羿带着他的猎犬出发了，一路上风餐露宿，历经各种艰辛终于到达西山，正当后羿四处张望时，王母娘娘忽然现身了。她让一个红衣仙女捧出一个光彩夺目的匣子交给后羿，后羿打开一看，匣子里放着两颗仙丹和一株人参。王母娘娘嘱咐后羿道："把人参煮熟之后，用汤水吞服仙丹，吃一颗可以长生不老，吃两颗就可以成仙了。"后羿拜谢了王母娘娘，带着猎犬高兴地回家了。

后羿有一个非常漂亮的妻子，名叫嫦娥。回家之后，后羿把王母娘娘的话全部告诉了嫦娥，并且答应她一人一颗仙丹，这样他们就可以长生不老了。

嫦娥按照后羿的嘱咐，把人参放在水里煮。不一会儿，锅里就咕嘟咕嘟地响起来，一股诱人的香味直钻鼻孔。嫦娥揭开锅，忍不住用勺子舀起汤汁，并和一颗仙丹一起吞下去。吃完后，嫦娥顿时觉得神清气爽，又不知不觉舀了一些汤汁将第二颗仙丹吃了下去。这时，嫦娥觉得全身燥热，异常难受，于是便打开窗户想透透气，没想到一下子从窗户飞了出去。

当时风一吹，猎犬一下子就闻到了人参汤的香味，便从窗户跳了进去。猎犬发现仙丹不见了，非常生气，就把剩下的汤都喝光了，又从窗户跳出去追嫦娥。

嫦娥正高兴，忽然听到身后有猎犬的怒吼声，回头一看，吓得魂飞魄散，慌慌张张地躲到了月亮里。猎犬看见嫦娥躲进了月亮里，更是气得全身的毛发根根直竖，身体不断膨胀，终于变得像山一样高大。猎犬一下子扑上去，一口就把整个月亮吞下去了。

月亮是天宫在晚上点起的照明灯，猎犬把月亮吞了，天宫一下子就黑了。王母娘娘便派遣夜游神去查看，夜游神回来说月亮被一条黑狗吞了。于是，玉皇大帝让天兵天将把黑狗捉了回来，王母娘娘一看，认出它是后羿的猎犬，便不再为难它，封它做了天狗，命它守护南天门，猎犬这才把月亮吐出来。而嫦娥从此以后就独自住在月宫里，过着孤单寂寞的日子。

天　山

又西三百五十里，曰天山，多金、玉，有青、雄黄。英水出焉，而西南流注于汤谷。有神焉，其状如黄囊[1]，赤如丹火，六足四翼，浑敦[2]无面目，是识歌舞，实惟帝江[3]也。

注 释

①囊：指口袋。②浑敦：混混沌沌，无具体的形状。③帝江
(hóng)：帝鸿氏，古代神话中指黄帝。

译 文

再向西三百五十里，有山叫天山，山上分布着很多的金属矿产和
玉石，也有石青和雄黄。英水发源于这里，向西南流注入汤谷。山中
有神，他的模样像黄口袋，身上发出火红的光，长着六只脚和四只翅
膀，混混沌沌看不清面目，他能歌善舞，这个神其实就是帝江。

帝江

崇吾山 —— 翼望山

凡西次三经之首，崇吾之山至于翼望之山，凡二十三山，
六千七百四十四里。其神状皆羊身人面。其祠之礼，用一吉
玉瘗[1]，糈用稷[2]米。

注　释

①瘗（yì）：埋藏，掩埋。②稷（jì）：古代的一种食用作物，即粟，俗名谷子。

译　文

纵观西方第三列山系之首尾，自崇吾山到翼望山，共有二十三座山脉，绵延六千七百四十四里。这些山脉中的神都是羊的身子、人的面孔。祭祀山神的礼仪：把一块吉玉埋进地里，祭祀的精米用稷米。

异兽介绍

崇吾山里的动物

西方第三列山系最东边的一座山，叫崇吾山，它雄踞于黄河的南岸，在山顶向北可以远眺冢遂山，向南可以望见瑶泽[1]，向西可以看到天帝的搏兽丘，向东可以望见蟜渊。山中生长有一种树木，圆圆的叶子白色的花萼，开红色的花朵，花瓣上有黑色的纹理，结的果实与枳实相似，它有利于人繁衍后代，人吃了就会儿孙满堂。山中生活有一种野兽，形状像猿猴，但胳膊上却有斑纹，身后长着豹子一样的尾巴，它擅长投掷，名叫举父。它有抚摸自己头的习惯，能举起石头掷人，所以名为举父。另外，山中还生活着一种鸟，其形状像野鸭子，却只长了一只翅膀和一只眼睛，因此无法独自飞翔，需要两只鸟结对比翼齐飞，它叫蛮蛮，它一旦出现天下就会发生水灾。蛮蛮就是比翼鸟，其羽毛青红色，双鸟不并在一起就无法飞翔，因此古人把它当成夫妻同心的象征，夫妻恋人往往有"在天愿做比翼鸟"的誓言。周成王六年时，燃丘国献来一对雌雄比翼鸟，它们精力充沛，筑巢时从南海衔

①瑶（yóu）泽：湖泊名。

来丹泥，从昆仑山衔来元木。遇到圣贤的人治理国家时，它们就会飞出来汇集在一起，这也是周公治国有方、天下大治的祥瑞之兆。而且传说这是种吉鸟，人如果见到它，就会交好运；如果能骑上它，则可长寿千岁。南方还有种比翼凤，无论飞翔、静止还是吃食、喝水，都不分离，即使死去，复生后也要在一起。除了比翼之外，古人还有比目、比肩的说法。《尔雅·释地·五方》中记载，东方有种叫鲽的比目鱼，双鱼交绕，一起游动；西方有比肩兽，与一种叫邛邛、岠虚的兽相伴，经常给邛邛、岠虚喂食甜草根，一旦遇到灾难，邛邛、岠虚就背着它行走；北方还有比肩民，他们朝夕相处，共同进食，共同生活。古人视成双成对为吉祥，因此，不比不飞、不比不行的观念成为中国吉祥文化的重要内容。

邽　山

又西二百六十里，曰邽山。其上有兽焉，其状如牛，猬毛，名曰穷奇，音如獆[1]狗，是食人。濛水出焉，南流注于洋水，其中多黄贝、赢鱼，鱼身而鸟翼，音如鸳鸯，见则其邑大水。

注　释

[1]獆（háo）：指野兽的嗥叫。

译　文

再向西二百六十里，有山叫邽山。山上有一种野兽，它的样子像牛，长着刺猬一样的硬毛，名字叫穷奇，发出的声音就像狗的嗥叫，能够吃人。濛水发源于这座山，向南流注入洋水，水中有很多黄贝，也有很多赢鱼，这种鱼有着鱼的身子、鸟的翅膀，声如鸳鸯鸣叫，它一出现，那个地方就会发生大水灾。

异兽介绍

奇怪的穷奇

传说邽山上有一种野兽，长相十分奇怪，它身体的形状像牛，全身却长着又硬又粗的刺猬毛。它发出的声音如同狗叫，它的名字叫穷奇。它与一般的野兽有些不同，它能听懂人话，它还常常从天空中飞扑下来抓人，它还会凶残地将人吃掉。所以，人们看到它都会马上躲起来。而更加让人们害怕的是，它还是一头不分是非、颠倒黑白的野兽。

凶猛的穷奇有一个奇怪的习惯：每次只要看到有人在争斗，它就会飞到争斗现场，帮助无理的一方，去吃掉正直有理的一方；如果听说村里某人忠厚老实，对人友善，它就飞到那人家里把那人的鼻子咬掉，让他痛不欲生；如果有坏人犯下滔天恶行，被所有人唾弃，穷奇会捕捉珍贵的野兽送给他，并且怂恿他以后多做坏事。

由此可见，它不仅是头不可理喻的凶兽，还是一种惩善扬恶的怪兽。因为穷奇总是做些祸害他人的事，所以它就被舜帝发配到荒野之地，这样它永远都不能再祸害人间了。

然而还有一种说法认为它也并没有那么坏，有时它也会做一些对人们有益的事情。

相传，古时候在腊八节的前一天，宫廷里要举行一个盛大的仪式——逐疫，用来驱赶

穷奇

035

妖魔鬼怪，由方相氏带着十二只奇形怪状的异兽在皇宫里游行。十二只异兽中就有穷奇和另一只叫腾根的异兽，它们共同负担着吃掉祸害人的蛊的任务。这路队伍浩浩荡荡，使整个皇宫都非常热闹，还有官员在一旁带着孩子们唱驱赶妖魔鬼怪的歌。歌唱完后，方相氏和十二异兽一同跳起舞来，大家一起欢呼着，把妖魔鬼怪驱逐出去。这样看来，穷奇也不是全没一点好的地方。

山海经·北山经

求如山

又北二百五十里，曰求如之山，其上多铜，其下多玉，无草木。滑水出焉，而西流注于诸毗之水。其中多滑鱼，其状如鳝¹，赤背，其音如梧²，食之已疣³。其中多水马，其状如马，文臂牛尾，其音如呼。

注 释

①鳝（shàn）：即黄鳝。②梧：枝梧，即"支吾"，说话含混躲闪，或用话搪塞。③疣：皮肤上长出的跟正常皮肤颜色相同的或黄褐色的突起，也叫瘊子。

译 文

再向北二百五十里，有山叫求如山，山上多产铜矿，山下多产玉石，不生草木。滑水发源于这座山，流向西方，注入诸毗水。水中多产滑鱼，它的形状像黄鳝，背是红色的，声音如人的支吾声，吃了它的肉可以治愈赘瘤。滑水里还多产水马，它的样子像马，前腿长有花纹，长着一条牛尾巴，发出的声音像人的呼叫声。

谯明山

又北四百里，曰谯明之山。谯水出焉，西流注于河。其中多何罗之鱼，一首而十身，其音如吠犬，食之已痈。有兽焉，其状如貆①而赤豪②，其音如榴榴，名曰孟槐，可以御凶。是山也，无草木，多青、雄黄。

注释

①貆（huán）：豪猪。②豪：豪猪等身上的刺。

译文

再向北四百里，有座谯明山。谯水发源于这座山，流向西方，注入黄河。谯水中多产何罗鱼，一个头，十个身子，它的声音就像狗叫，吃了它可以治愈痈疮。有一种野兽，它的形状像貆，长着红色的刺，它的叫声就像辘轳抽水的声音，名字叫孟槐，可以用来防御凶灾。这座山，不生草木，多产石青和雄黄。

何罗鱼

涿光山

又北三百五十里，曰涿光之山。嚣水出焉，而西流注于河。其中多鳏鳏之鱼，其状如鹊而十翼，鳞皆在羽端，其音如鹊，可以御火，食之不瘅。其上多松柏，其下多棕橚，其兽多麢羊，其鸟多蕃[1]。

注 释

①蕃：一说为"鸮"，即猫头鹰之类的鸟。

译 文

再向北三百五十里，有座涿光山，嚣水发源于这座山，流向西方注入黄河。嚣水中多产鳏鳏鱼，它的形状像喜鹊而长着十个翅膀，鱼鳞都长在羽毛的顶端，它叫的声音也像喜鹊，畜养它可用来防御火灾，吃了它的肉可以不生瘅病。这座山上分布着很多松树和柏树，而山下分布着很多棕榈树与橚树，山中的野兽以麢羊为多，鸟以蕃鸟为众。

鳏鳏鱼

单张山

又北百八十里，曰单张之山，其上无草木。有兽焉，其状如豹而长尾，人首而牛耳，一目，名曰诸犍，善吒，行则衔其尾，居则蟠其尾。有鸟焉，其状如雉，而文首、白翼、黄足，名曰白鵺，食之已嗌①痛，可以已痸②。栎水出焉，而南流注于杠水。

注 释

①嗌（yì）：咽喉。②痸（chì）：痴病，精神失常。

译 文

再向北一百八十里，有山叫单张山，山上不生草木。山中有一种野兽，它的模样像豹而生着一条长长的尾巴，长着人的脑袋、牛的耳朵，一只眼睛，名叫诸犍，喜欢吼叫，走路时衔起自己的尾巴，停下时盘起自己的尾巴。山中还有一种鸟，它的形状像野鸡，头上有花纹，白翅膀，黄爪子，名叫白鵺，吃了它可以治疗咽喉病痛，还可以治疗痴病。栎水发源于这座山，向南流注入杠水。

诸犍

灌题山

又北三百二十里，曰灌题之山，其上多樗柘[1]，其下多流沙，多砥。有兽焉，其状如牛而白尾，其音如訆[2]，名曰那父。有鸟焉，其状如雌雉而人面，见人则跃，名曰竦斯，其鸣自呼也。匠韩之水出焉，而西流注于泑泽，其中多磁石。

注 释

①樗柘（chū zhè）：樗：臭椿，乔木，叶子有味，根皮可以入中医。柘：灌木或乔木，叶子可以喂蚕，木材质坚而致密，是贵重的木材。②訆（jiào）：大呼大叫。

译 文

再向北三百二十里，有山叫灌题山，山上多产樗树和柘树，山下有很多流沙，还有很多磨刀石。山中有一种野兽，它的模样像牛而长着白色的尾巴，它的声音像人大声呼叫，它的名字叫那父。山中还有一种鸟，它的模样像雌野鸡而长着人的面孔，看见人就会跳跃，它的名字叫竦斯，叫的声音就像是呼叫它自己的名字。匠韩水发源于这座山，流向西方，注入泑泽，水中有很多磁石。

大咸山

北二百八十里，曰大咸之山，无草木，其下多玉。是山也，四方，不可以上。有蛇名曰长蛇，其毛如彘豪，其音如鼓柝[1]。

①鼓柝（tuò）：鼓：敲击。柝：古代巡夜时敲的一种木梆子。

译 文

向北二百八十里，有山叫大咸山，山上不生草木，山下有很多的玉石。这座山，四四方方，无法攀登。有蛇名叫长蛇，它的毛如猪的鬃毛，发出的声音如同敲击梆子。

异兽介绍

长 蛇

大咸山中有一种蛇叫长蛇，它的身体长达几十丈，身上还长着像猪鬃一样的硬毛，发出的声音就像是有人在敲击木梆子。传说这种长蛇食量惊人，甚至能吞下整头鹿。传说当年天帝派后羿到下界去诛除那些祸害人民的恶禽猛兽，长蛇就在被诛之列。它被后羿杀死在洞庭。

长蛇

少咸山

又北二百里，曰少咸之山，无草木，多青碧。有兽焉，其状如牛，而赤身、人面、马足，名曰窫窳[1]，其音如婴儿，是食人。敦水出焉，东流注于雁门之水，其中多鮨鮨[2]之鱼，食之杀人。

◉ 注 释

①窫窳（yà yǔ）：传说中一种吃人的怪兽。　②鮨鮨（bèi）：即鳠鱼，又叫江豚。

◉ 译 文

再向北二百里，有山叫少咸山，山上不生草木，多产青碧。山中有一种野兽，它的模样像牛，但长着红色的身子、人的面孔、马的蹄子，名叫窫窳，声音如同婴儿啼哭，这种兽会吃人。敦水发源于这座山，向东流注入雁门水，水中多产鮨鮨鱼。这种鱼有毒，人吃了它就会被毒死。

神话故事演绎

窫　窳

很久很久以前，在少咸山上有一种野兽叫窫窳。它长得像牛，身子是红色的，有人的面孔、马的蹄子，它发出的声音如同婴儿啼哭，它平时拿人来做食物，不知道有多少人被它残害。人们只要一提到它就会胆战心惊。

其实窫窳曾是天神，是烛龙的儿子，烛龙长着人的脸，拥有蛇的身子，身体的大小和狸差不多。那时的窫窳法力高强却老实善良，性格温顺，从来不会做祸害他人的事情。到了黄帝时代，蛇身人脸的天神贰负，因为自己的愚昧，听信了手下天神危的谗言，合谋杀害了窫窳。

黄帝知道窫窳被谋害后，十分愤怒，便命人把贰负捉来，重罚了他，将他囚禁在了疏属山上，用脚镣缚住了他的右脚，把他的双手反绑在背后，拴在山上的一棵大树上，还处死了从中挑拨的危。黄帝不忍心看烛龙因为失去儿子而伤心难过，便命手下天神把窫窳抬到昆仑山，让几位巫师用不死药救活了它，烛龙见自己的儿子重新活过来十分开心。

可没想到，窫窳复活后，竟神智迷乱，掉进了昆仑山下的弱水里，完全迷失了本性，变成了一个形状像牛，赤身、人脸、马足，性情凶残、喜欢吃人的怪物。

窫窳会在十日并出时跳上岸祸害人间，这使人们不能安心生活，终日忧心忡忡。后来，田地也没有人耕种、灌溉。

为了让人间获得安宁，黄帝派后羿来到人间惩治窫窳。窫窳虽然凶猛，可是后羿箭术精湛，英勇善战。他之前就替人们除去了在天上耀武扬威的几个太阳。经过一番较量，窫窳最终被后羿射死。

祸害人间的怪物被除去，荒废的田地被重新耕种、灌溉，人们又过上了安定的生活。

窫窳

狱法山

又北二百里，曰狱法之山。瀼泽之水出焉，而东北流注于泰泽。其中多鱳鱼，其状如鲤而鸡足，食之已疣。有兽焉，其状如犬而人面，善投，见人则笑，其名曰山㹨，其行如风，见则天下大风。

译　文

再向北二百里，有山叫狱法山。瀼泽水发源于这座山，而向东北流注入泰泽。泽中多产鱳鱼，它的模样像鲤鱼但长着鸡一样的爪子，人吃了它可以治愈赘瘤。山中有一种野兽，它的模样像狗但长着人的面孔，善于投掷，见了人就笑，它的名字叫山㹨，它走起路来像风一样快，它一出现天下就会刮起大风。

鱳鱼

北岳山

又北二百里，曰北岳之山，多枳、棘[1]、刚木[2]。有兽焉，其状如牛，而四角、人目、彘耳，其名曰诸怀，其音如鸣雁，是食人。诸怀之水出焉，而西流注于嚣水，其中多鮨鱼，鱼身而犬首，其音如婴儿，食之已狂[3]。

①棘（jí）：棘木，即酸枣树。②刚木：檀木、柘木之类木质非常坚硬的树。③狂：癫狂，精神失常。

译 文

　　再向北二百里，有座北岳山，山上生长着很多枳木、棘木和刚木。山中有一种野兽，它的模样像牛，但有四只角，长着人的眼睛、猪的耳朵，它名字叫诸怀，它的叫声就像雁鸣，这种兽能吃人。诸怀水发源于这座山，向西流注入嚣水，水中多产鮨鱼，这种鱼长着鱼的身子、狗的脑袋，发出的声音如同婴儿啼哭，吃了它的肉可以治疗狂病。

诸怀

太行山·归山

　　北次三经之首，曰太行之山。其首曰归山，其上有金玉，其下有碧。有兽焉，其状如麢羊而四角，马尾而有距，其名曰䮝，善还①，其名自訆。有鸟焉，其状如鹊，白身、赤尾、六足，其名曰䳜，是善惊，其鸣自詨②。

注 释

①还（xuán）：同"旋"，盘旋而舞。②詨（xiào）：呼，叫。

译 文

　　北方第三列山系之首是太行山。太行山之首是归山，山上多产金属矿产和玉石，山下产有青碧。山中有一种野兽，它的模样像麢羊，但有四个角，长着马的尾巴，脚上有鸡距一样的突起，它的名字叫䮝，善于盘旋而舞，它的叫声就是它的名字。山中还有一种鸟，它的模样像喜鹊，有着白色的身子和红色的尾巴，六只脚，它的名字叫鶺，这种鸟极警觉，它的叫声就是它自己的名字。

马成山

又东北二百里，曰马成之山，其上多文石，其阴多金玉。有兽焉，其状如白犬而黑头，见人则飞，其名曰天马，其鸣自訆。有鸟焉，其状如乌，首白而身青、足黄，是名曰鶌鶋。其鸣自詨，食之不饥，可以已寓^①。

注 释

①寓：寓当为"瘑"字的假借字，即疣，肉瘤。

译 文

再向东北二百里，有山叫马成山，山上多产带有花纹的石头，山的北坡多产金属矿产和玉石。山中有一种野兽，它的模样像白狗，却长着黑色的脑袋，看见人就会飞跑，它的名字叫天马，它的鸣叫声就像是叫它自

天马

己的名字。山中还有一种鸟，它的模样像乌鸦，长着白色的脑袋，满身的青毛，黄色的脚，它的名字叫鶌鶋。它的鸣叫声也像是叫它自己的名字，吃了它的肉不会感到饥饿，还可以治疗身上的肉瘤。

阳 山

又东三百里，曰阳山，其上多玉，其下多金铜。有兽焉，其状如牛而赤尾，其颈𪘁①，其状如句瞿②，其名曰领胡，其鸣自詨，食之已狂。有鸟焉，其状如雌雉，而五采以文，是自为牝牡，名曰象蛇，其鸣自詨。留水出焉，而南流注于河。其中有𩼈父之鱼，其状如鲋鱼，鱼首而彘身，食之已呕。

注释

①𪘁（shèn）：肉瘤。 ②句（gōu）瞿：斗。

译文

再向东三百里，有山叫阳山，山上多产玉石，山下多产金矿石和铜矿石。山中有一种野兽，它的模样像牛但尾巴是红色的，它的颈上长着形状像斗的肉瘤，名叫领胡，它鸣叫的声音就像是呼叫它自己的名字，吃了它的肉可以治疗癫狂病。山中还有一种鸟，它的模样像雌野鸡，身上长着五彩而有花纹的羽毛，自己雌雄兼具，它的名字叫象蛇，它鸣叫的声音也像是呼叫它自己的名字。留水发源于这座山，向南流注入黄河。水中有很多𩼈父鱼，它的模样像鲋鱼，鱼头、猪身，吃了它可以治疗呕吐。

发鸠山

又北二百里，曰发鸠之山，其上多柘木。有鸟焉，其状如乌，文首、白喙、赤足，名曰精卫，其鸣自詨。是炎帝①之少女，名曰女娃，女娃游于东海，溺而不返，故为精卫。常

领胡

衔西山之木石，以堙② 于东海。漳水出焉，东流注于河。

注 释

①炎帝：又称神农氏，传说是上古的帝王。②堙（yīn）：堵塞，填埋。

译 文

再向北二百里，有山叫发鸠山，山上多产柘树。山中有一种鸟，它的模样像乌鸦，长着有花纹的脑袋、白色的嘴壳、红色的爪子，名叫精卫，它叫的声音就像是叫它自己的名字。这是炎帝的小女儿女娃变的，女娃在东海游玩，溺水而死不能回家，所以化为精卫。它常常用嘴衔西山的小树枝、小石子投入东海，想把东海填平。漳水发源于这座山，向东流注入黄河。

神话故事演绎

精卫填海

炎帝有一个女儿，叫女娃，是炎帝几个儿女中最受宠爱的一个。女娃十分乖巧，黄帝见了她，也都忍不住夸奖她。

炎帝不在家时，女娃便独自玩耍。她非常想让父亲带她出去，到东海——太阳升起的地方去看一看。可是因为父亲忙于公事：太阳升起时来到东海，指挥太阳升起，开始新的一天；白天，他还要去黄土高原种麦，去昆仑山上采药；傍晚，他要指挥太阳落山。日日如此，总是不能带她去。这一天，女娃没告诉父亲，便一个人驾着一只小船向东海太阳升起的地方划去。不幸的是，海上突然起了狂风大浪，像山一样的海浪把女娃的小船打翻了，女娃不幸落入海中，终被无情的大海吞没了，永远回不来了。炎帝固然思念自己的小女儿，却不能用太阳光来照射她，使她死而复生，于是他只有独自神伤嗟叹罢了。

女娃死了，她的精魂化作了一只小鸟，花脑袋、白嘴壳、红脚爪，发出"精卫""精卫"的悲鸣，所以，人们便叫此鸟为"精卫"。

精卫痛恨无情的大海夺去了自己年轻的生命，它要报仇雪恨。因此，它一刻不停地从它住的发鸠山上衔一粒小石子或一段小树枝，展翅高飞，一直飞到东海。它在波涛汹涌的海面上回翔着、悲鸣着，把石子、树枝投下去，想把大海填平。

大海奔腾着、咆哮着，嘲笑它："小鸟儿，算了吧，你就是这样做一百万年，也休想把我填平！"

精卫在高空答复大海："哪怕是干上一千万年，一万万年，干到宇宙的尽头、世界的末日，我也要把你填平！"

"你为什么这么恨我呢？"

"因为你夺去了我年轻的生命，你将来还会夺去许多年轻无辜的生命。我要永无休止地干下去，总有一天会把你填成平地。"

精卫飞翔着、鸣叫着，离开大海，又飞回发鸠山去衔石子和树枝。它衔呀，扔呀，积年累月，往复飞翔，从不停息。后来，一只海燕飞过东海时无意间看见了精卫，它为精卫的行为感到困惑不解，但了解了事情的起因之后，海燕为精卫大无畏的精神所打动，就与其结成了夫妻，生出许多小鸟，雌的像精卫，雄的像海燕。小精卫和它们的妈妈一样，也去衔石填海。直到今天，它们还在做着同样的事情。

精卫锲而不舍的精神，善良的愿望，宏伟的志向，受到人们的尊敬。晋代诗人陶渊明在诗中写道："精卫衔微木，将以填沧海。"热烈赞扬精卫鸟敢于同大海抗争的悲壮战斗精神。后世人们也常常以"精卫填海"比喻志士仁人所从事的艰巨卓越的事业。

人们同情精卫，钦佩精卫，把它称为"冤禽""誓鸟""志鸟""帝女雀"，并在东海边上立了块石碑，叫"精卫誓水处"。

绣　山

又北百里，曰绣山，其上有玉、青碧，其木多枸^①，其草多芍药、芎䓖^②。洧水出焉，而东流注于河，其中有鳠^③、黾^④。

注　释

①枸（xún）：树名，古代常用枸树的树干做拐杖。②芎䓖（xiōng qióng）：川芎一类的药材。③鳠（hù）：一种鱼，与鲇鱼相似，但体形较大，白色。④黾（měng）：蛙类的一种，形体小，似蛤蟆，皮肤为青色。

译　文

再向北一百里，有山叫绣山，山上产有玉石、青碧，山上的树木以枸木为多，山中的花草以芍药、芎䓖为多。洧水发源于这座山，向东流注入黄河，水中生长着鳠鱼和蛙类。

泰戏山

又北三百里，曰泰戏之山，无草木，多金玉。有兽焉，其状如羊，一角一目，目在耳后，其名曰辣辣，其鸣自訆。虖沱之水出焉，而东流注于娄水。液女之水出于其阳，南流注于沁水。

译　文

再向北三百里，有山叫泰戏山，山上不生草木，多产金属矿和玉石。山中有一种野兽，它的模样像羊，但长着一只角、一只眼，眼睛又长在耳朵的后面，它的名字叫辣辣，它的叫声就是它自己的名字。虖沱水发源于这里，向东流注入娄水。液女水发源于这座山的南面，向南流注入沁水。

辣辣

太行山 —— 无逢山

凡北次三经之首，自太行之山以至于无逢之山[1]，凡四十六山，万二千三百五十里。其神状皆马身而人面者廿[2]神。其祠之，皆用一藻茝[3]瘗之。其十四神状皆彘身而载[4]玉。其祠之，皆玉，不瘗。其十神状皆彘身而八足、蛇尾。其祠之，皆用一璧瘗之，大凡四十四神，皆用稌糈米祠之。此皆不火食。

注 释

①无逢之山：即錞于毋逢山。②廿：即二十。③藻茝（chǎi）：藻：聚藻，一种香草。茝：也是一种香草。一说"藻茝"即"藻珪"之误。④载：通"戴"。

译 文

总计北方第三列山系之首尾，从太行山开始直到錞于毋逢山，共有四十六座山脉，总长一万二千三百五十里。其中有二十座山的山神都长着马的身子、人的面孔。祭祀他们的礼仪都是将一个藻珪埋入地下。山中还有十四个神，他们都长着猪的身子，头上戴着美玉。祭祀他们的礼仪都用玉，但不埋藏。还有十个神，都是猪的身子，但长着八只脚和蛇的尾巴。祭祀他们的礼仪都是将一块玉璧埋入地下。所有这四十四个神，都用精白米祭祀他们，这些山神都吃未经火烤的食物。

山海经·东山经

楸蟲山

东山经之首，曰楸蟲之山，北临乾昧。食水出焉，而东北流注于海。其中多鳙鳙之鱼，其状如**犁牛**①，其音如彘鸣。

①**犁牛**：杂色牛。

译 文

东方第一列山系的头一座山是楸蟲山，北面相邻的是乾昧山。食水发源于这座山，向东北流注入大海。水中多产鳙鳙鱼，样子像犁牛，它的叫声就像猪叫。

异兽介绍

鳙鳙鱼

东方第一列山系之首座山，叫楸蟲山，其北面与乾昧山相邻。食水从这座山发源，然后向东北流去，最后注入大海。水中生长着很多鳙鳙鱼，它的形状像犁牛，发出的声音如同猪叫。鳙鳙鱼因为体形像牛，所以也被称为"牛鱼"，传说它还生活在东海中，而且它的皮能够预测潮起潮落。将它的皮剥下后悬挂起来，当要涨潮时，皮上的毛就会竖起来；潮水要退去时，毛就会伏下去。鳙鳙鱼还特别喜欢睡觉，而且受惊动后发出的声音很大，甚至一里外都能听见。

枸状山

又南三百里，曰枸状之山，其上多金、玉，其下多青碧、石。有兽焉，其状如犬，六足，其名曰从从，其鸣自詨。有鸟焉，其状如鸡而鼠毛，其名曰蚩鼠，见则其邑大旱。泜水出焉，而北流注于湖水。其中多箴鱼，其状如儵，其喙如箴[1]，食之无疫疾。

注释

①箴：通"针"。

译文

再向南三百里，有山叫枸状山，山上多产金属矿石和玉石，山下多产青碧和石头。山上有一种野兽，它的形状类似狗，六只脚，名叫从从，它的叫声就是它的名字。山上还有一种鸟，它的模样像鸡却长着老鼠一样的毛，名叫蚩鼠，它出现在哪个地方，哪个地方就会发生大旱灾。泜水发源于这座山，向北流注入湖水。水中多产箴鱼，它的形状像儵，嘴像针一样，吃了这种鱼可以不染疫病。

蚩鼠

泰　山

又南三百里，曰泰山，其上多玉，其下多金。有兽焉，其状如豚而有珠，名曰狪狪，其鸣自訆。环水出焉，东流注于江[1]，其中多水玉。

注　释

①江：当为"汶"之误。

译　文

再向南三百里，有山叫泰山，山上多产玉石，山下多产金属矿。有一种野兽，外形像猪，体内却有珠子，它的名字叫狪狪，它的叫声就像是呼叫它自己的名字。环水发源于这座山，向东流注入汶水，水中多产水晶。

异兽介绍

泰山狪狪

泰山上遍布各色美玉，山下蕴藏有丰富的金属矿物。山中生活着一种奇兽，形状与普通的猪相似，但它体内却孕育着珍珠，名叫狪狪，它发出的叫声犹如在呼唤自己的名字。珍珠一般只是蚌类生产，传说中也只有龙、蛇等灵异动物会吐出一些，而狪狪作为兽类也能孕育珍珠，因此古人认为它很奇特，又因为它体形像猪，所以也叫它珠豚。环水从泰山发源，向东流入汶水，水中有很多晶莹剔透的水晶石。

人们习惯称妻子的父亲为泰山，原因不仅是泰山上有丈人峰，还源于一个小故事：唐开元十三年（725），李隆基封禅于今山东泰山，命张说担当封禅使。旧例封禅后，自三公以下，皆迁转一级。张说的女婿郑镒本来是九品官，却骤升为五品。玄宗知道后很是惊讶，便问原因，郑镒无言以对，只有一个叫黄幡绰的人机灵地答道："此泰山之力也。"从此便将岳父叫泰山，岳母叫泰水。

余峨山

又南三百八十里，曰余峨之山。其上多梓、楠，其下多荆、芑[1]。杂余之水出焉，东流注于黄水。有兽焉，其状如菟而鸟喙，鸱目蛇尾，见人则眠，名犰狳，其鸣自訆，见则蠡蝗[2]为败[3]。

注 释

①芑（qǐ）：通"杞"，即枸杞。②蠡（zhōng）蝗：蝗虫一类的虫子。③败：害，危害。

译 文

再向南三百八十里，有山叫余峨山，山上多产梓木和楠木，山下多产牡荆和枸杞。杂余水发源于这座山，向东流注入黄水。山上有一种野兽，它的样子像兔子而长着鸟的嘴、鹰的眼睛、蛇的尾巴，看到人就假死，它的名字叫犰狳，它的叫声就像是呼叫它自己的名字，只要它一出现，就会有蝗虫一类的害虫祸害庄稼。

卢其山

又南三百里，曰卢其之山，无草木，多沙石。沙水出焉，南流注于涔水，其中多鸳鹕[1]，其状如鸳鸯而人足，其鸣自詶，见则其国多土功。

①鸳（lí）鹕：鸟的一种，即鹈鹕。

译　文

再向南三百里，有山叫卢其山，山上不生草木，多沙子和石头。沙水发源于这座山，向南流注入涔水，水中有很多鸳鹕，它的模样像鸳鸯但长着人的脚，它的叫声就像是呼喊它自己的名字，只要它一出现，全国就会大兴土木。

姑逢山

又南三百里，曰姑逢之山，无草木，多金玉。有兽焉，其状如狐而有翼，其音如鸿雁，其名曰獙獙，见则天下大旱。

译　文

再向南三百里，有山叫姑逢山，山上不生草木，多产金属矿产和玉石。山中有一种野兽，它的样子像狐狸但长着

獙獙

翅膀，它的叫声如同鸿雁，名叫獙獙，只要它一出现，天下就会发生大旱灾。

凫丽山

又南五百里，曰凫丽之山，其上多金玉，其下多箴石。有兽焉，其状如狐，而九尾、九首、虎爪，名曰蠪蛭，其音如婴儿，是食人。

译 文

再向南五百里，有山叫凫丽山，山上多产金属矿物和玉石，山下蕴藏着很多箴石。山中有一种野兽，它的样子像狐狸但长着九条尾巴、九个脑袋和虎的爪子，名叫蠪蛭，它发出的声音像婴儿啼哭，会吃人。

硬 山

又南五百里，曰硬山，南临硬水，东望湖泽。有兽焉，其状如马，而羊目、四角、牛尾，其音如獒狗，其名曰峳峳，见则其国多狡客。有鸟焉，其状如凫而鼠尾，善登木，其名曰絜钩，见则其国多疫。

译 文

再向南五百里，有山叫硬山，南面临近硬水，东面可看到湖泽。山上有一种野兽，它的模样像马，但长着羊的眼睛、四只角和牛的尾巴，它的叫声如同狗在嗥叫，名叫峑峑，它一出现，国家就会出现很多狡黠之人。山上还有一种鸟，它的模样像鸭子，但长着老鼠的尾巴，善于攀登树木，它的名字叫絜钩，它一出现，国家就会多发瘟疫。

峑峑

尸胡山

又[1] 东次三经之首，曰尸胡之山，北望羿山，其上多金玉，其下多棘。有兽焉，其状如麋而鱼目，名曰妠胡，其鸣自訆。

注 释

①又：本字当为衍字。

译 文

东方第三列山系的开端叫尸胡山，向北可以看到羿山，山上多产金属矿物和玉石，山下分布着很多酸枣树。山中有一种野兽，它的形貌像麋鹿但长着鱼的眼睛，它的名字叫妠胡，它的叫声像是呼叫它自己的名字。

孟子山

又南水行七百里，曰孟子之山，其木多梓、桐，多桃、李，其草多菌蒲[1]，其兽多麋鹿。是山也，广员百里。其上有水出焉，名曰碧阳，其中多鳝、鲔²。

注 释

①菌蒲：所指不详。一说菌、蒲均为野菜。②鳝、鲔（wěi）：鳝：鲟鳇鱼的古称，体型较大，鼻子较短，口在颔下，有斜行甲而没有鳞，肉黄色，大的长二三丈。鲔：即古之鲟，体形像鳝而长鼻，身上没有鳞甲。

译 文

再向南沿水路走七百里，有山叫孟子山，山上的树木多是梓木和桐木，还有很多桃树和李树，草类以菌蒲为多，野兽以麋和鹿为主。这座山啊，方圆百里。山上有水流出，名叫碧阳，水中多产鳝、鲔。

跂踵山

又南水行五百里，流沙五百里，有山焉，曰跂踵之山，广员二百里，无草木，有大蛇，其上多玉。有水焉，广员四十里皆涌，其名曰深泽，其中多蠵龟¹。有鱼焉，其状如鲤，而六足鸟尾，名曰鮯鮯之鱼，其鸣自叫。

注 释

①蠵（xī）龟：大龟，龟甲上有文采。

译 文

再向南沿水路走五百里，再行五百里流沙，有山叫跂踵山，此山方圆二百里，山上不生草木，有大蛇，多产玉石。有一个水潭，方圆四十里之内好像都在沸涌，它的名字叫深泽，水中多产蠕龟。水中有一种鱼，它的形状像鲤鱼，但长着六只脚和鸟的尾巴，名叫鮯鮯鱼，它的叫声就好像在喊它的名字一样。

北号山

又^① 东次四经之首，曰北号之山，临于北海。有木焉，其状如杨，赤华，其实如枣而无核，其味酸甘，食之不疟。食水出焉，而东北流注于海。有兽焉，其状如狼，赤首鼠目，其音如豚，名曰猲狙，是食人。有鸟焉，其状如鸡而白首，鼠足而虎爪，其名曰鬿雀，亦食人。

注 释

①又：本字当为衍字。

译 文

东方第四列山系的第一座山是北号山，与北海相临。山中有一种树，它的形状像杨树，开红色的花，结的果实像枣而没有核，味道酸中带甜，吃了它可以不生疟疾。食水发源于这座山，向东北流注入海中。山中有一种野兽，它的样子像狼，长着红色的脑袋、老鼠一样的眼睛，它的叫声就像小猪，名叫猲狙，能够吃人。山中还有一种鸟，它的样子像鸡而长着白色的脑袋、老鼠的脚、虎的爪子，名叫鬿雀，也能吃人。

东始山

又南三百二十里，曰东始之山，上多苍玉。有木焉，其状如杨而赤理，其汁如血，不实，其名曰芑，可以服马。泚水出焉，而东北流注于海，其中多美贝，多茈鱼，其状如鮒，一首而十身，其臭[1]如蘪芜[2]，食之不糟[3]。

①臭（xiù）：气味。②蘪芜：即蘼芜，香草的一种。叶子如当归的叶子，气味如同白芷。③糟（pì）：同"屁"。

再向南三百二十里，有山叫东始山，山上多产苍玉。山上有一种树，它的形状像杨树但有红色的纹理，流出的汁如同鲜血，不结果实，它的名字叫芑，它的汁液涂在马身上可以使马驯服。泚水发源于这座山，向东北流注入大海，水中多产美丽的贝类，多产茈鱼，茈鱼的形状像鮒鱼，有一个头、十个身子，它发出的味道如同蘼芜，吃了它可以不放屁。

钦 山

又东南二百里，曰钦山，多金玉而无石。师水出焉，而北流注于皋泽，其中多鳝鱼，多文贝。有兽焉，其状如豚而有牙[1]，其名曰当康，其鸣自叫，见则天下大穰[2]。

注　释

①**有牙**：这里指有露出嘴唇外的獠牙。②**穰**（ráng）：禾谷丰收，引申为凡物丰盛之称。

译　文

再向东南二百里，有山叫钦山，山上多产金属矿物和玉石，却没有石头。师水发源于这座山，向北流注入皋泽，水中多产鳡鱼和有花纹的贝类。山中有一种野兽，它的样子像猪而长着獠牙，它的名字叫当康，它的叫声就像在喊它自己的名字，它一出现天下的庄稼就会有好收成。

太　山

又东二百里，曰太山，上多金玉、**桢木**①。有兽焉，其状如牛而白首，一目而蛇尾，其名曰蜚，行水则竭，行草则死，见则天下大疫。钩水出焉，而北流注于劳水，其中多鳡鱼。

注　释

①**桢木**：即女贞树。

译　文

再向东二百里，有山叫太山，山上多产金属矿物、玉石和女贞树。山中有一种野兽，它的模样像牛而生着白色的脑袋、一只眼睛、蛇的尾巴，

蜚

064

它的名字叫蜚。它一出行，行经有水的地方，水流就会枯竭；行经有草的地方，草就会枯死，它一出现天下就会发生大的瘟疫。钩水发源于这座山，向北流注入劳水，水中多产鳢鱼。

山海经·中山经

薄山·甘枣山

中山经薄山之首，曰甘枣之山。共水出焉，而西流注于河。其上多枏木，其下有草焉，葵本①而杏叶，黄华而荚实，名曰箨，可以已瞢②。有兽焉，其状如猷鼠③而文题④，其名曰㺎，食之已瘿。

注 释

①本：指草木的根或茎，这里指茎干。②瞢（méng）：眼睛看不清东西。 ③猷（huǐ）鼠：此兽不详。④题：指猷鼠的额头。

译 文

中部头一列山系是薄山山系，薄山之首是甘枣山。共水发源于这里，向西流注入黄河。山上多产枏木，山下有一种草，长着葵的茎，杏的叶子，开黄色的花，结带荚的果，名字叫箨，吃了它可以明目。山中有一种野兽，它的样子像猷鼠而额头上有花纹，它的名字叫㺎，吃了它的肉可以治疗脖颈上的肉瘤。

济山·辉诸山

中次二经济山之首，曰辉诸之山，其上多桑，其兽多闾[1]麋，其鸟多鹖[2]。

注释

①闾：即山驴。②鹖（hé）：一种鸟，像野鸡但比野鸡大，青色羽毛，长有毛角，生性好斗，至死而止。

译文

中部第二列山系是济山山系，济山的头一座山是辉诸山，山上多产桑树，野兽以山驴和麋鹿为多，鸟类以鹖鸟为主。

异兽介绍

鹖 鸟

中央第二列山系叫济山山系，它的头一座山，叫辉诸山。山上生长着茂密的桑树林，山中栖息着很多飞禽走兽，野兽以山驴和麋鹿为多，而禽鸟则大多是鹖鸟。鹖鸟体形与野鸡类似，比野鸡稍大一些，羽毛青色，长有毛角，天性凶猛好斗，而且争斗起来决不退却，直到斗死为止，于是人们把它看成勇猛的象征。

传说黄帝与炎帝在阪泉大战时，黄帝军队举着画有雕、鹰之类猛禽的旗帜，其中就有画鹖鸟的，取的就是它勇猛不畏死的品质。古时英勇武士的帽子上面，就插有两支鹖鸟尾羽，左右各一，叫鹖冠，以此显示出武士的勇猛。战国时有一个楚人，十分英勇，就号称"鹖冠子"。

鹍鸟

鲜 山

又西三百里，曰鲜山，多金玉，无草木。鲜水出焉，其中多鸣蛇，其状如蛇而四翼，其音如磬，见则其邑大旱。

译 文

再向西三百里，有山叫鲜山，山上多产金属矿物和玉石，但没有草木。鲜水发源于这座山，向北流注入伊水。水中多产鸣蛇，它的形状像蛇但长着四只翅膀，它的叫声如同敲击磬石的声音，只要它一出现，那个地方就会发生大旱灾。

鸣蛇

蔓渠山

又西二百里，曰蔓渠之山，其上多金玉，其下多竹箭。伊水出焉，而东流注于洛。有兽焉，其名曰马腹，其状如人面虎身，其音如婴儿，是食人。

译 文

再向西二百里，有山叫蔓渠山，山上多产金属矿物和玉石，山下生长着很多箭竹。伊水发源于这座山，向东流注入洛水。山中有一种野兽，它的名字叫马腹，它的形状奇异，长着人的面孔和老虎的身子，它的叫声就像婴儿啼哭，能吃人。

马腹

青要山

　　又东十里，曰青要之山，实惟帝之密都[1]。北望河曲，是多驾鸟[2]。南望墠渚[3]，禹父[4]之所化，是多仆累、蒲卢[5]。魁武罗[6]司之，其状人面而豹文，小要而白齿，而穿耳以镰[7]，其鸣如鸣玉。是山也，宜女子。畛水出焉，而北流注于河。其中有鸟焉，名曰鸖，其状如凫，青身而朱目赤尾，食之宜子。有草焉，其状如葌，而方茎、黄华、赤实，其本如藁木[8]，名曰荀草，服之美人色。

注 释

　　①帝之密都：帝：天帝，一说即黄帝。密都：传说中天帝静居之地。②驾鸟：即野鹅。③渚：水中的小洲。④禹父：大禹的父亲，即鲧。⑤仆累、蒲卢：仆累：蜗牛。蒲卢：圆形贝壳，软体动物的一种。⑥魁（shén）武罗：即武罗神。⑦镰（qú）：金银制作的耳环。⑧藁（gǎo）木：一种香草。木："本"之误。

译 文

　　再向东十里，有山叫青要山，这座山是天帝静居之地。向北面可以看到河流的弯曲处，常常有野鹅群飞。向南面可以看到墠渚，这是禹的父亲化作异物的地方，这座山多产蜗牛和蒲卢。武罗神掌管着这个地方，他的样子是人的面孔，豹子似的斑纹，细小的腰身，一口雪白的牙齿，耳朵上佩戴着金银耳环，它的叫声像玉饰敲击的声音。这座山啊，宜于女子居住。畛水发源于这座山，向北流注入黄河。山中有一种鸟，名字叫鸖，它的样子像野鸭，青色的身子，浅红色的眼睛，红色的尾巴，人们吃了它的肉可以多生孩子。山中有一种草，它的形

武罗神

状像藐，但生着方茎，开着黄色的花，结有红色的果，它的根像藁本的根，名叫荀草，人们吃了这种草可以变得更加漂亮。

和 山

又东二十里，曰和山，其上无草木而多瑶碧，实惟河之九都①。是山也，五曲②。九水出焉，合而北流注于河，其中多苍玉。吉③神泰逢司之，其状如人而虎尾，是好居于萯山之阳，出入有光。泰逢神动天地气也！

注 释

①都：汇聚的地方。②五曲：五重。③吉：善。

译 文

再向东二十里，有山叫和山，山上不生草木，但多产瑶和碧这类玉，是黄河的九条支流汇聚的地方。这座山啊，曲曲折折，回环往复共有五重。九条水系发源于这里，然后又汇合起来北流注入黄河，水中多产苍玉。吉神泰逢主管着这座山，他的形状像人而长着老虎的尾巴。他喜欢住在萯山的南面，出出进进都闪着光辉。泰逢神的法力，是可以动摇天地之气、呼风唤雨的啊！

神话故事演绎

吉神泰逢

泰逢是人人都想遇到的神。传说人们只要遇到泰逢就会心想事成。

泰逢主管和山，他的神力可以感应天地，要风就有风，要雨就有雨，他性格十分随和。泰逢长得像人，却长着一条像老虎一样的尾巴。他喜欢清静，经常一个人待在山上不出来。他还喜欢住在蕡山的南面，这里阳光灿烂，气候宜人。每次出行时，他的周围都会有光辉。他要是遇到谁，就把好运带给谁。

相传春秋时期，晋平公和著名音乐家师旷一起坐车子来到郊外游玩。晋平公忽然看见有人坐着八匹白马拉的车子向他这边驶来。一到近前，那个人便跳下自己的车子，跟在晋平公所乘车子的后面。晋平公往车后一看，觉得这个人长相十分奇怪，心里特别害怕，便问师旷："你快看，这是什么怪物？"师旷往后看了看，说："我看这人的样子，像是掌管和山的吉神泰逢。如今大王在这里碰见他，说明大王快要有喜事来临了。"

果然没过多久，就有喜事降临在晋平公身上。他的军队连打胜仗，疆土不断扩大。大臣们都说这是吉神泰逢给大王带来的福气。

泰逢的脾气在一般情况下都很温和，他总会给人们带来喜事。但如果遇到常做恶事的人，他也会惩罚他们。他是个善恶分明的神灵。

在夏朝的时候有个国王叫孔甲，孔甲不理朝政，每天只知道喝酒打猎，而且性格暴虐。有一天，孔甲带领护卫队的一群人浩浩荡荡地来到蕡山狩猎。熙熙攘攘的人群和嘈杂的马叫声把正在闭目养神的泰逢吵醒了。泰逢生气地睁开眼睛，猛地站起来，朝这群不礼貌的人看了一眼，突然朝着天空大吼一声。顿时，天地间一片昏暗，狂风骤起，大雨倾盆。毫无防备的孔甲和他的护卫队被雨点打得睁不开眼，被风吹得迷失了方向。他们在蕡山上转来转去，怎么也找不到回去的路了。

泰逢

厘　山

又西一百二十里，曰厘山，其阳多玉，其阴多蒐[1]。有兽焉，其状如牛，苍身，其音如婴儿，是食人，其名曰犀渠。滽滽之水出焉，而南流注于伊水。有兽焉，名曰獭，其状如獳犬[2]而有鳞，其毛如彘鬣。

◉ 注　释

①蒐（sōu）：茅蒐，即现在的茜草。②獳（nòu）犬：指发怒的狗。

◉ 译　文

再向西一百二十里，有山叫厘山，山的南坡多产玉石，山的北坡多产茜草。山中有一种野兽，它的模样像牛，青色的身子，它的叫声像婴儿啼哭，能吃人，它的名字叫犀渠。滽滽水发源于这座山，向南流注入伊水。这里还有一种野兽，它的名字叫獭，它的模样像獳犬但长着鳞甲，它的毛长在鳞甲间如同猪鬣。

半石山

又东七十里，曰半石之山。其上有草焉，生而秀[1]，其高丈余，赤叶赤华，华而不实，其名曰嘉荣，服之者不霆[2]。来需之水出于其阳，而西流注于伊水，其中多鯩鱼，黑文，其状如鲋，食者不睡。合水出于其阴，而北流注于洛，多䲢鱼，状如鳜[3]，居逵[4]，苍文赤尾，食者不痈，可以为瘘[5]。

注释

①秀：抽穗开花。②霆：霹雳。③鳜：鳜鱼，嘴和眼睛较大，鳞较细碎，有彩色的斑纹。④迭：水中有洞穴潜通的地方。⑤瘘（lòu）：指颈部肿大的淋巴结核一类疾病，也指瘘管。

译 文

再向东七十里，有山叫半石山。山上有一种草，刚出土就抽穗开花，它一丈多高，生着红色的叶子，开红色的花，只开花不结果，它的名字叫嘉荣，人吃了它可以不怕雷霆。来需水发源于这座山的南坡，向西流注入伊水，水中多产鲐鱼，它长着黑色的斑纹，形状像鲋鱼，吃了它的肉精神特别好，不会感到瞌睡。合水发源于这座山的北坡，向北流注入洛水，多产滕鱼，形状像鳜鱼，住在水中有洞穴潜通的地方，长着青色的斑纹，红色的尾巴，吃了它可以不生痈肿病，还可以治疗瘘管。

少室山

又东五十里，曰少室之山，百草木成囷①。其上有木焉，其名曰帝休，叶状如杨，其枝五衢②，黄华黑实，服者不怒。其上多玉，其下多铁。休水出焉，而北流注于洛，其中多鲐鱼，状如盩蜼③而长距，足白而对，食者无蛊疾，可以御兵。

注释

①囷（qūn）：圆形的仓库。②衢：大路。③盩蜼（zhōu wèi）：盩，"盩"之误。盩蜼，一种类似狝猴的野兽。

译 文

再向东五十里，有山叫少室山，各种各样的草木聚成圆形仓库的样子。山上有一种树木，名叫帝休，叶子的形状像杨树叶，树枝向五方交错伸展，就像衢路，开黄色的花，结黑色的果，吃了它的果实可以心平气和，不易动怒。山上多产玉石，山下多产铁矿。休水发源于这座山，向北流注入洛水，水中多产䲨鱼，这鱼形似猕猴，脚上却长着长长的突起，白色的脚趾相向而生，吃了这种鱼不易患多疑症，还可以防御兵器的伤害。

休舆山——大騩山

凡苦山之首，自休舆之山至于大騩之山，凡十有九山，千一百八十四里。其十六神者，皆豕身而人面。其祠：毛牷[1]用一羊羞[2]，婴用一藻玉瘗。苦山、少室、太室皆冢也。其祠之：太牢之具，婴以吉玉。其神状皆人面而三首。其余属皆豕身人面也。

注 释

①牷（quán）：毛色纯一的整只的牛、羊、猪。②羞：这里指祭祀的用品。

译 文

总计苦山山系之首尾，从休舆山到大騩山，共有十九座山，总长一千一百八十四里。其中有十六座山的山神，都是猪的身子、人的面孔。祭祀他们的礼仪是：毛物用一整只羊作祭品，祭祀的玉用一块藻玉，祭祀后埋入地下。苦山、少室、太室这几座山是诸山的宗主，祭祀他们的礼仪是：要用猪、牛、羊三牲齐备的太牢，还要用吉玉陈祭。这三座山的神都是人的面孔，但长着三个脑袋。另外那十六座山的山神都是猪的身子、人的面孔。

景山——琴鼓山

凡荆山之首，自景山至琴鼓之山，凡二十三山，二千八百九十里。其神状皆鸟身而人面。其祠：用一雄鸡祈瘗，婴用一藻圭，糈用稌。骄山，冢也，其祠：用羞酒少牢祈瘗，婴用一璧。

译文

总计荆山山系之首尾，从景山到琴鼓山，共有二十三座山，总长两千八百九十里。诸山山神的样子都是鸟的身子、人的面孔。祭祀他们的礼仪是：用一只雄鸡涂血而祭，然后埋入地下，祭祀的玉用一藻圭，祭祀的精米用稻米。骄山，是众山的宗主，祭祀的礼仪是：用专门祭神的酒进献，还要用代表少牢祭礼的猪羊涂祭，然后埋入地下，祭祀的玉用一块璧。

崌　山

又东一百五十里，曰崌山。江水出焉，东流注于大江，其中多**怪蛇**①，多**塾鱼**②，其木多**楢**③、杻，多梅、梓，其兽多夔牛、麢、臭、犀、兕。有鸟焉，状如鸮而赤身白首，其名曰窃脂，可以御火。

①怪蛇：据说是一种钩蛇，身长数丈，尾巴分叉，在水中钩取岸上的人、牛、马吃掉。②鳌鱼：不详。③栖（yóu）：一种木质硬度很高的树木，是制造车子的好材料。

再向东一百五十里，有山叫崌山。江水发源于这座山，向东流注入大江，水中产一种怪蛇，还多产鳌鱼。山上生长着很多楢树和杻树，还多产梅树和梓树，山上的野兽多是夔牛、麢、臭、犀、兕。山上有一种鸟，形状像鸮，却是红身子、白脑袋，它的名字叫窃脂，畜养它可以防御火灾。

女几山——贾超山

凡岷山之首，自女几山至于贾超之山，凡十六山，三千五百里。其神状皆马身而龙首。其祠：毛用一雄鸡瘗，糈用稌。文山[1]、勾檷、风雨、騩之山，是皆冢也，其祠之：羞酒，少牢具，婴毛[2]一吉玉。熊山，席[3]也，其祠：羞酒，太牢具，婴毛一璧。干儛，用兵以禳[4]；祈，璆冕舞[5]。

注释

①文山：当即岷山。②婴毛：为"婴用"之误，婴是用玉祭神的专称，下同。③席："席"当为"帝"，字形相近造成讹误。帝，即首领。④禳（ráng）：即禳灾，祈祷消灾。⑤璆（qiú）冕舞：璆：指美玉。冕：指古代王侯及卿大夫的礼帽。这里泛指礼帽。舞：跳舞。

译文

总计岷山山系之首尾，从女几山到贾超山，共有十六座山，总长三千五百里。诸山山神的模样都是马的身子、龙的脑袋。祭祀他们的礼仪是：毛物用一只雄鸡埋入地下，精米用稻米。文山、勾檷山、风雨山、騩山都是众山的宗主，祭祀他们的礼仪是：先敬献美酒，后用猪、羊二牲的少牢礼，祭祀的玉用一块吉玉。熊山，是众山的首领，祭祀的礼仪是：先敬献美酒，后用猪、牛、羊全备的太牢礼，祭祀的玉用一块璧玉。在祭神的过程中，如果是祈祷除灾，人们就持盾斧而舞；如果是祈神赐福，就穿袍戴帽，手持美玉而舞。

异兽介绍

鸩鸟

女几山上遍布着精美的玉石，山下则蕴藏着丰富的黄金。山中栖息着众多的飞禽走兽，其中有很多凶猛的豹子和老虎，还有成群的山驴、麋鹿、麈、麂，它们都是虎豹的食物。山中的禽鸟以白鹎（jiāo）最多，此外还有很多长尾巴野鸡和鸩鸟。传说鸩鸟是一种吃蛇的毒鸟，其体型大小和雕相当，羽毛紫绿色，颈部很长，喙是红色的。雄鸟名叫运日，雌鸟名叫阴谐。它们能预报天气，如果天气将晴朗少云，则雄鸟运日先鸣；如果天上将有阴雨，则雌鸟阴谐就先鸣叫。鸩鸟以剧毒的蝮蛇为食，因而自己体内也积聚了大量的毒素，使自己身上也有剧毒，甚至连它接触过的东西也不例外。传说鸩鸟喝过水的水池都有毒，其他的动物去喝就必死无疑，人要是不小心吃了它的肉也会被毒死。古人曾用鸩鸟的羽毛浸泡毒酒，名为鸩酒，以毒害他人，以致后来的毒酒就都叫鸩酒了。虽然其有毒的恶名远扬，但鸩鸟作为一种猛禽，还专门捕食让人不寒而栗的毒蛇，因此人们又把它当成勇猛与力量的象征，把它捕蛇的形象铸刻在贵重的青铜器上。

夫夫山

又东一百五十里，曰夫夫之山，其上多黄金，其下多青、雄黄，其木多桑楮，其草多竹、鸡鼓[1]。神于儿居之，其状人身而手操两蛇，常游于江渊，出入有光。

注释

①鸡鼓：就是鸡谷草。

译文

再向东一百五十里，有山叫夫夫山，山上多产黄金，山下多产石青和雄黄，山上的树木以桑树和楮树居多，草类多是竹子和鸡谷草。神仙于儿住在这座山里，他的模样是人的身子而手握两蛇，经常游走于江水的渊潭之中，出入都闪耀着光芒。

干儿

于 儿

　　夫夫山上蕴藏着大量的黄金，山下遍布着色彩艳丽的石青、雄黄。山中草木茂盛，桑树、楮树遮天蔽日，郁郁葱葱，树下簇拥着低矮的竹丛，还有成片的鸡谷草像毯子一样铺在林中空地上。神仙于儿就住在这座山里，他是夫夫山的山神，又是山川一体神，其形貌是人的身子，但手上却握着两条蛇。他常常游玩于长江的深渊中，出没时身上会发射出耀眼的光彩。传说于儿就是操蛇之神，他听说愚公要世世代代矢志不移地移走太行山、王屋山时，就去禀告了天帝。天帝为愚公的诚意所感动，就派了夸娥氏的两个儿子去背走了那两座大山，一座山放在朔东，一座山放到雍南。也有人认为于儿就是俞儿，是登山神。传说齐桓公北伐孤竹国时，在离卑耳之溪不到十里的地方，忽然有一个身高一尺左右，穿戴整齐，但脱去右边衣袖的小人，骑着马，飞一般地奔驰过去了。桓公非常奇怪，就问管仲。管仲回答说，他可能是名叫俞儿的登山之神，他有着人的形貌，身高却仅有一尺；执政的君主治国有方，国家繁荣时，他才显现。这位神人骑马在前方走，为人指路，他如果脱去衣袖，就表示前面有水；而脱去右边衣袖，则表明从右方涉水比较安全。当桓公一行到了卑耳之溪后，有水性好的人说，从左边涉水的话，水深到达人的头顶；而从右边过水，则很安全。作为夫夫山的山神，于儿能主宰江渊，出入时神光四射，可知山神于儿同时又是江河之神。而作为山川一体神，他最大的特点就是与蛇相伴，或操蛇，或戴蛇，或珥蛇；蛇属水，属土，属阴，是江河之神、山川之神伟大神格的标志，是神沟通两个世界的巫具和动物助手。于儿就操有两蛇，一蛇在上，在于儿身上绕了两圈，一头一尾从于儿的双手钻出；另一蛇在下，蛇头在于儿的前身，蛇身在其腹部往上绕了两圈，蛇尾则缠在胸前。蛇成了许多神仙具有神性的重要标志。

篇遇山——荣余山

凡洞庭山之首，自篇遇之山至于荣余之山，凡十五山，二千八百里。其神状皆鸟身而龙首。其祠：毛用一雄鸡、一牝豚刏①，糈用稌。凡夫夫之山、即公之山、尧山、阳帝之山，皆冢也，其祠：皆肆②瘗，祈用酒，毛用少牢，婴毛一吉玉。洞庭、荣余山神也，其祠：皆肆瘗，祈酒，太牢祠，婴用圭璧十五，五采惠③之。

注 释

①刏（jī）：割刺取血。②肆：陈列，摆设。③惠：装饰。

译 文

总计洞庭山山系之首尾，从篇遇山到荣余山，共有十五座山，总长两千八百里。诸山山神都是鸟的身子，龙的脑袋。祭祀他们的礼仪是：毛物用一只雄鸡和一头母猪取血涂祭，祭神的精米用稻米。夫夫山、即公山、尧山、阳帝山都是众山的宗主，祭祀的礼仪是：先陈列牲、玉，然后埋入地下，祈祷须用酒，毛物用少牢礼，祭神的玉是一块吉玉。洞庭山、荣余山是神显灵的地方，祭祀的礼仪是：先陈列牲、玉，然后埋入地里，祈祷须用酒和太牢礼，祭神的玉用圭、璧各十五块，用青、黄、赤、白、黑五种颜色装饰它们。

山海经·海外南经

结匈国

结匈国在其[1]西南，其为人结匈[2]。

注 释

①其：指《海外西经》西南角的灭蒙鸟，与结匈国邻近，以下的表方位的"其"，如没有特别说明，均指上一条所述对象。②结匈：大概指现在所说的鸡胸。匈：同"胸"。

译 文

结匈国在灭蒙鸟的西南面，这里的人都长着鸡胸。

羽民国

羽民国在其东南，其为人长头，身生羽。一曰在比翼鸟东南，其为人长颊[1]。

085

注 释

①颊：面颊。

译 文

羽民国在它的东南边，那里的人都长着长脑袋，身上长着羽毛。一说羽民国在比翼鸟的东南边，那里的人长着长脸颊。

异兽介绍

比翼鸟

比翼鸟是一种身上长有红色或青色羽毛的鸟，颜色十分漂亮，但它们不能单独飞翔，因为它们分别只有一个翅膀，一只眼睛，所以只有两只鸟的翅膀配合起来才能在蓝天飞行。西方山系中崇吾山上的蛮蛮鸟，就是这种比翼鸟。虽然有人认为蛮蛮出现是大水的征兆，但在古代神话中，比翼鸟是一种瑞鸟，它是夫妻恩爱、朋友情深的象征。

讙头国

讙头国在其南，其为人人面有翼，鸟喙，方捕鱼。一曰在毕方东，或曰讙朱国。

译 文

讙头国在它的南边，这里的人长着人的面孔，生有翅膀，还长着鸟的嘴，正在捕鱼。一说讙头国在毕方鸟的东边，或认为讙头国就是讙朱国。

讙头国人

厌火国

厌火国在其国[1]南，其为人兽身黑色。火出其口中。一曰在谨朱东。

注　释

①国：一说为衍字。

译　文

厌火国在它（灌头国）的南面，这里的人长着野兽的身子，浑身黑色，口中喷出火焰。一说厌火国在谨朱国的东面。

载　国

载国在其东，其为人黄，能操弓射蛇。一曰载国在三毛东。

译　文

载国在它的东边，这里的人皮肤都是黄色的，能用弓射杀蛇。一说载国在三毛国的东边。

载国人

贯匈国

贯匈国在其东，其为人匈有窍。一曰在载国东。

译文

贯匈国在它的东边，这里的人胸部都有一个贯穿前后的洞。一说贯匈国在载国的东部。

神话故事演绎

贯胸国

贯胸国，即贯匈国，这里的人身上都生有一个从胸膛穿透到后背的大洞，所以叫贯胸国，又叫穿胸国。贯胸国的人都是山神防风氏的后裔。传说大禹治水时，曾在会稽山召见天下诸神，而吴越山神防风氏没有按时赶到，令大禹十分恼怒。为明正典刑，树立威信，大禹就将防风氏杀了。后来洪水平息，大禹成为部落联盟首领，四方鼎定，便乘坐龙车巡游海外各国。经过南方时，防风氏的后裔看见大禹，就张弓搭箭，准备射杀大禹为祖先报仇。这时，突然雷声大作，二龙驾车载着大禹飞腾而去。防风氏的后裔知道闯祸了，便以尖刀自贯其心而死。大禹哀念他忠义耿直，便命人把不死草塞在他胸前的洞中，使之死而复生，但胸口上留下的大洞却再也不能复原。他的子孙聚集起来，就在海外形成了贯胸国。传说贯胸国的富人出门不用坐轿子，就把上衣脱了，用一根竹杠或木头当胸一贯，就抬走了。

交胫国

交胫国在其东，其为人交胫[1]。一曰在穿匈[2]东。

①交胫：人的小腿为胫，大腿为股。交胫指腿部弯曲相交。②穿匈：即贯匈国。

译 文

交胫国在它的东边，这里的人是交叉着小腿行走的。一说交胫国在贯匈国的东边。

不死民

不死民在其东，其为人黑色，寿，不死。一曰在穿匈国东。

译 文

不死民在它的东边，这里的人皮肤都是黑色的，长寿，不死。一说不死民在贯匈国的东面。

三首国

三首国在其东，其为人一身三首。一曰在凿齿东。

译 文

三首国在它的东面，这里的人生着一个身子三个脑袋。一说三首国在凿齿国的东边。

三首国人

周饶国

周饶国在其东，其为人短小，冠带①。一曰焦侥国②在三首东。

注 释

①冠带：即戴上帽子，系上腰带。②焦侥国：即周饶国。"焦侥""周饶"皆为"侏儒"之转声。侏儒为矮小的人，所以焦侥国和周饶国都是现在所说的小人国。

译 文

周饶国在它的东边，这里的人身材短小，戴着帽子，系着腰带。一说焦侥国在三首国的东边。

长臂国

长臂国在其东，捕鱼水中，两手各操一鱼。一曰在焦侥东，捕鱼海中。

周饶国人

长臂国在它的东边，这里的人以在水中捕鱼为生，两手各抓住一条鱼。一说长臂国在焦侥国的东边，这里的人以在海中捕鱼为生。

南方祝融

南方祝融①，兽身人面，乘两龙。

①祝融：传说中的火神。

南方的火神祝融，长着野兽的身子和人的面孔，驾着两条龙飞行。

山海经·海外西经

夏后启

大运山高三百仞，在灭蒙鸟北。大乐之野，夏后启[1]于此儛[2]九代，乘两龙，云盖三层。左手操翳[3]，右手操环，佩玉璜[4]。在大运山北。一曰大遗之野。

①夏后启：夏后：即夏王。启：传说中的夏朝开国之君大禹的儿子，后继父位，做了夏朝的国君。②儛（wǔ）：同"舞"。③翳（yì）：用羽毛做的华盖。④璜（huáng）：一种半璧形的玉。

大运山高三百仞，在灭蒙鸟的北边。大乐野，夏王启在这里观看九代乐舞的演出，他驾着两条龙，有三层云盖拥绕着他。他左手握着华盖，右手拿着一个玉环，还在腰间佩戴了一块玉璜。这个地方是在大运山的北边。一说大遗野。

三身国

三身国在夏后启北，一首而三身。

译 文

三身国在夏后启所在地的北边，这里的人长着一个脑袋，三个身子。

一臂国

一臂国在其北，一臂、一目、一鼻孔。有黄马虎文，一目而一手[1]。

注 释

①手：这里指马的腿和蹄子。

译 文

一臂国在它的北边，这里的人长着一条臂膀、一只眼睛、一个鼻孔。这里还有一种黄色的马，全身布满了老虎一样的斑纹，长着一只眼睛、一条腿。

一臂国人

奇肱国

奇肱之国在其北。其人一臂三目，有阴有阳，乘文马[1]。有鸟焉，两头，赤黄色，在其旁。

注 释

①文马：指吉良马，白身红鬃，眼睛金黄，骑上它寿命可达一千年。

译 文

奇肱国在它的北边。这里的人长着一条臂膀、三只眼睛，眼睛有阴有阳，乘着吉良马。那里还有一种鸟，长着两个头和红黄色的身子，栖息在他们的旁边。

神话故事演绎

大禹拜访奇肱国

奇肱国的人都只长着一条胳膊，却长着三只眼睛，眼睛有阳有阴，阴在上而阳在下，阳眼用于白天，阴眼用于夜间，所以他们在夜间也能正常工作。他们平时出门胯下常骑着一种名叫吉量的神马，这种吉量马又叫吉良或吉黄，毛皮白色，马鬃[1]赤红色，双目金光闪闪，据说骑上吉量马的人可活到千岁。

奇肱国的人因为只有一臂，远不如其他人灵便，所以十分珍惜时间，就算夜间也用阴眼工作而不休息。勤能补拙，虽然只有一条胳膊，但他们却以擅长制造各种灵巧的机械而闻名于世。当地生长着一种鸟，

①鬃：马、猪等颈上的长毛。

长着两个脑袋，身上的羽毛红黄相间，就栖息在奇肱国国民的身旁。奇肱国人就用巧手做出各种捕鸟的小器具，以捕杀它们。他们还能制造飞车，这种飞车造型奇特，做工精致，能顺风远行。

大禹考察水情时曾到过奇肱国，对奇肱国的飞车等许多情形都曾目见。当时，大禹凿通方山，穿过三身国继续西行。一日，远处空中突然出现了一种酷似飞鸟的车子，同行的伯益道："这是个什么东西？我们跟过去看个究竟吧。"大家都赞成。于是郭支口中发出号令，大家骑乘的两条巨龙连忙掉转方向，径直跟着那飞车前行。走不多时，那飞车渐渐降落。大禹等人一看，那是个繁盛之地，楼舍街市，接连不断，无数飞车停在一起。沿途所见之人，都只有一只手，而眼睛却有三只，一只在上，两只在下，成"品"字形。又遇到几个同样面貌之人，各骑着一匹浑身雪白朱鬣金目的文马。伯益认识那马，就指给大禹看，道："这个就是从前在犬封国看见的那种骑了之后可以活到千岁的吉量马，难道此地之人都是长生不死的吗？"

在路旁树林之内，众人遇见两个猎户，他们在林中埋设机关，有三只野兽已经跌入陷阱之内。那猎户二人将三只野兽逐个捉出捆缚，扛在肩上，两人虽然只有两条臂膀，但丝毫不觉得吃力费事。大禹等忙赶上前去问他们道："请问贵国何名？"那猎户道："这里是奇肱国。诸位远方来的客人，是要打听敝国情况吗？从此地过去几十步，有一间朝南的旧屋，屋中有一折臂老者，请诸位去问他吧。"说着，扛着野兽径自而去。

大禹等依他所言走到旧屋，果然见一老者独坐其中。只见他先站起来问道："诸位可是中华人吗？不知诸位到此是做何种贸易，还是为游历而来？"大禹道："都不是，都不是。只因看见贵国飞车精妙，特来探访个究竟。"

那老者道："既然如此，待老夫指引诸位去参观吧。"说着，站起身来，往外先行，大禹等跟在后面。

行至一里之外，只见一片广场之中停着不少飞车，这时正巧见到二人坐在车中，他们用手指猛地一扳，顷刻间只听得"轰隆"作响，车身已渐渐上升，升到七八丈的高空，而后改为平行，径直向前方飞去，非常平稳。大禹等走到车旁，仔细观察那车的制造，车身都是用柴荆柳棘编成的，里外四周有无数轮齿，大大小小，不计其数。每辆车上仅可容二人，所以长宽不到一丈。

车的座位之前又插着一根长木，那老者指点道："这飞车虽然能自己升降行动，但如得风力相助，更会如虎添翼呀。"随后便一一介绍起车内设施及其用途："这根长木就是预备有风的时候挂帆布的。"又指着车内一个机关说道："这是控制上升的，扳着这个机关车就能升到高空。"又指着另一个机关道："这是控制下降的，要降落地面，便扳着这个机关。"又指着两个道："这是控制前进的，这是控制后退的。"另外，在车的前端有一块突出的圆形木板，老者介绍说："这是控制转向的，如同船上的舵一样。"

大禹等且听且看，心中暗暗佩服他们创造之妙，工艺之精。那老者看罢继续说道："敝国之人为天所限，只有一臂，做起事来万万不如他国人灵便，所以不能不爱惜光阴，加倍努力工作。乘坐飞车是为了来往较远之地节省时间，并非贪图安逸。"随后又道："敝国人三眼分为阴阳，在上的是阴，在下的是阳。阳眼用于日间，阴眼用于夜间，所以敝国人夜间也能工作，无须用火照明，这是敝国人的长处。"

形 天

形天[1]与帝至此争神，帝断其首，葬之常羊之山。乃以乳为目，以脐为口，操干戚以舞。女祭、女薎在其北，居两水间，薎操角觚，祭操俎[2]。

山海经

注 释

①形天：即"刑天"，神话传说中的无头之神。②俎：古代祭祀所用的礼器，用来放置祭祀用的牲畜。

译 文

形天与天帝争神位，天帝砍断了他的脑袋，把他的头埋葬在常羊山。于是形天神便以自己的乳头为眼睛，以肚脐为嘴巴，一手握着一面盾，一手拿着一把斧，在那里挥舞不止。叫作祭的女巫和叫作蒇的女巫住在形天与天帝发生争斗之地的北面，正好处于两条水流的中间，女巫蒇手里拿着角觚，女巫祭手里捧着俎器。

鸢鹝鸟

鸢鸟、鹝鸟，其色青黄，所经国亡。在女祭北。鸢鸟人面，居山上。一曰维鸟，青鸟、黄鸟所集。

译 文

鸢鸟、鹝鸟，它们的颜色青中带黄，所经之地，国家灭亡。他们位居女祭的北面。鸢鸟长着人面，栖息在山上。一说这两种鸟统称维鸟，是青鸟、黄鸟栖息在一块的混称。

丈夫国

丈夫国在维鸟北，其为人衣冠带剑。

译文

丈夫国在维鸟的北面，这里的人衣冠楚楚，腰间佩剑。

丈夫国人

并　封

并封在巫咸东，其状如彘，前后皆有首，黑。

译文

并封兽在巫咸国的东边，它的形状像猪，前后都有脑袋，浑身是黑色的。

女子国

女子国在巫咸北，两女子居，水周之。一曰居一门中。

译文

女子国在巫咸国的北边，有两个女子住在这里，水环绕在她们的四周。一说她们居住在一道门的中间。

轩辕国

轩辕之国在此穷山之际，其不寿者八百岁。在女子国北，人面蛇身，尾交首上。

轩辕国在这穷山的边缘，这里的人最短命者也有八百岁。轩辕国在女子国的北面，他们长着人的脸和蛇的身子，尾巴盘绕在脑袋上。

白民国

白民之国在龙鱼北，白身被[1]发。有乘黄，其状如狐，其背上有角，乘之寿二千岁。

①被：同"披"。

白民国在龙鱼的北边，这里的人都是白色的身子，披散着头发。这里有一种叫乘黄的野兽，它的模样像狐狸，背上长着两只角，人要是骑了它，至少可以活到两千岁。

长股国

长股之国在雒常北，被发。一曰长脚。

译 文

长股国在雊常树的北边，这里的人都披散着头发。一说长股国就是长脚国。

西方蓐收

西方蓐收[1]，左耳有蛇，乘两龙。

注 释

①西方蓐收：神话传说中的金神，长着人的脸、虎的爪，手执钺斧。

译 文

西方的蓐收神，左边的耳朵上挂着蛇，乘着两条龙飞行。

蓐收神

山海经·海外北经

无菅国

无菅[1]之国在长股东，为人无菅。

注释

①无菅（qǐ）：即无嗣。传说中无菅国的人生活在洞穴中，平时以泥土为食，不分男女，死后就埋掉，但心不腐朽，一百二十年后又会化作人重生。

译文

无菅国在长股国的东边，作为人却没有子孙后代。

烛　阴

钟山之神，名曰烛阴，视为昼，瞑为夜，吹为冬，呼为夏，不饮，不食，不息，息为风。身长千里。在无菅之东。其为物，人面，蛇身，赤色，居钟山下。

钟山的山神名叫烛阴，它睁开眼睛为白天，闭上眼睛为黑夜，一吹气便是寒冬，一呼气又是夏天，不需喝水，不需吃饭，不呼吸，一呼吸便化为风。他身长一千里。在无胅国的东边。他的模样是人的脸、蛇的身，浑身红色，居住在钟山之下。

一目国

一目国在其东，一目中其面而居。一曰有手足。

一目国在钟山烛阴的东边，这里的人一只眼睛长在脸的中央。另一种说法认为他们像普通人一样有手有脚。

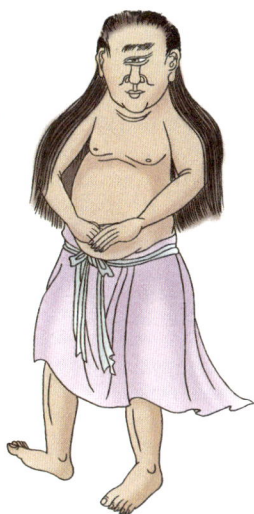

一目国人

柔利国

柔利国在一目东，为人一手一足，反膝[1]，曲足居上。一云留利之国，人足反折。

①反膝：指膝盖反生。

译 文

柔利国在一目国的东边，这里的人一只手一只脚，膝盖反生，脚弯向上。一说柔利国又叫作留利国，人脚是反折的。

相柳氏

共工之臣曰相柳氏，九首，以食于九山。相柳之所抵，厥[1]为泽溪。禹杀相柳，其血腥，不可以树五谷种[2]。禹厥之，三仞三沮[3]，乃以为众帝[4]之台。在昆仑之北，柔利之东。相柳者，九首人面，蛇身而青。不敢北射，畏共工之台。台在其东。台四方，隅有一蛇，虎色，首冲南方。

注 释

①厥：即"掘"。②五谷种：即五谷。③三仞三沮：三：古代经常用"三、六、九"表示多数，不是实指。仞：通"牣"，充满的意思。沮：败坏，这里意为陷落。④众帝：指帝尧、帝喾、帝舜等上古帝王。

译 文

共工的臣子叫相柳氏，长着九个脑袋，同时吃九座山上的食物，相柳所到之处，便成为沼泽和溪潭。禹杀了相柳氏，他的血腥臭无比，所流之地不可种植五谷。禹挖掘填埋这个地方，多次填充多次陷落，于是干脆用挖掘出来的土为当时的诸帝修了几座帝台。这些帝台在昆仑山的北边，柔利国的东面。相柳啊，长着九个头、人的脸、蛇的身子，浑身青色。射箭的人不敢向北射，是惧怕共工台的威灵。共工台在相柳氏的东边。台呈四方形，每个角都有一条蛇，蛇身布满虎皮纹，蛇头朝着南方。

相柳氏

禹除相柳氏

相传在上古时代，洪水经常祸害人间，民不聊生，人们生活十分困苦。爱民如子的舜不忍心看着百姓如此痛苦，于是在他的主持下，人们举行了庄重的祭祀仪式，上告天帝，下达鬼神，祈求可以成功平定洪水。隆重的仪式过后，禹率领众神和民众开始治理洪水。他吸取了父亲鲧治水失败的教训，采用新的治水策略：顺着水性和地势，以疏导为主，以堵塞为辅。

为此，禹就整个治水工作做出了详细的分工：他让应龙负责导引江河主流的洪水；让群龙负责导引江河支流的洪水；让火正伯益焚山烧泽，驱散猛兽毒蛇；让玄龟驮着息壤跟随自己和众人填平深沟，加固堤坝，垫高人们居住的地方。由于分工明确，方法得当，治水工作从一开始就进行得很顺利。在绝望中挣扎的人们终于看到了希望。

可是，这却惹恼了水神共工，共工想给禹一点儿颜色看看，便找来自己的心腹相柳氏，让他来阻挡禹一行人的去路。

相柳氏是上古时代一个凶残狠毒的恶神，他的身子是一条巨大的蛇，身子呈青色，长着九颗人头。他喷出来的水比洪水还厉害，又苦又辣，人喝了就会送命。他独占了九座神山，九个脑袋分别伸在这九座山上。相柳氏喜欢吃土，一次就能吃下九座小山。他的嘴巴张开吐出的唾沫，能变成一个大湖，气味难闻极了，即使是野兽都无法在附近停留。相柳氏接到共工的命令后，到处吃河堤大坝上的土，使河道中的洪水四处泛滥。眼看着治水工程就要前功尽弃，禹决定除掉相柳氏。

禹一行人走近毒水湖时，遇到了相柳氏。禹和这个九头怪物进行了一场恶战。八名勇士分别对付相柳氏的一个脑袋，禹负责砍杀相柳氏中间那个脑袋。就在他们被相柳氏的毒水湖包围的时候，后羿用神箭帮助禹射杀了相柳氏。土地一旦沾上相柳氏身上流出的血，便被污染，五谷不生。禹尝试用泥土覆盖，但多次填充多次陷落，只好把这片土地挖成池子，为诸位帝王在池畔各筑起一座高台，用来镇压妖魔。

就这样，恶神被除去，洪水被治理，人们重新过上了安乐的生活。

夸父国

夸父国在聂耳东，其为人大，右手操青蛇，左手操黄蛇。邓林在其东，二树木。一曰博父。

译文

夸父国在聂耳国的东边，这里的人身材高大，右手握着一条青蛇，左手握着一条黄蛇。邓林在它的东边，尽管说是邓林，但只有两棵树。一说夸父国就是博父国。

神话故事演绎

夸父逐日

上古时，北方高高的成都载天山上，住着一个巨人族叫夸父族。这个部族的头领叫夸父，他身材高大，力大无穷，有不平凡的志向。那时候，世界上很荒凉，毒蛇猛兽横行。夸父为了部族的人们能生存下去，每天率领众人跟洪水猛兽搏斗。夸父把捉到的凶恶的黄蛇，抓在手里，绑在自己的两只耳朵上，高兴得哈哈大笑。

有一年，天大旱。火一样的太阳晒焦了地上的庄稼，晒干了河里的流水，使人热得难受，实在无法生活。夸父就立下雄心壮志，发誓要把太阳捉住，让它听从人们的使唤。

一天，太阳刚刚从海上升起，夸父就从东海边上迈开大步去追赶它。夸父身高力大，一迈步，震得大地直摇晃。他一脚踏下去，就留下一个深深的巨人脚印。

太阳在空中飞快地转，夸父在地上疾风一样地追。中午，夸父追赶太阳来到湖南沅（yuán）陵一带，他跑得又饿又累，就停下来用三块石头支起锅做饭。他吃完饭，见太阳已经偏西了，就赶紧迈开大步又追了上去。后来，这三块支锅石就成了辰州东面的三座大山。

太阳快落山了，夸父离太阳越来越近。到了甘肃东部的泾川，他停下来歇了一会儿，把鞋里的土块、石子往外一倒，就成了一座小山。现在人们叫它"振履堆"。

夸父跨过一座座高山，穿过一条条大河，在禺谷眼看快要追上太阳了，这时，他心里别提多高兴了。当他伸手就要捉住太阳的刹那，突然感到头昏眼花，竟渴得晕过去了。他醒来时，太阳早已不见了。他站起来走到东南方的黄河边，伏下身子，一口气猛喝黄河里的水，水竟被他喝干了，于是又去喝渭河里的水。谁知道，他喝干了渭河里的水，还是不解渴。这时，他又打算到山西雁门山一带，去喝大泽里的水。可是，夸父实在太渴太累了，当他走到华山以东、灵宝以西不远的地方，身体再也支持不住，倒下去死了。

夸父死后，他的身体变成了一座大山。这就是现在灵宝县西三十五里灵湖峪和池峪中间的夸父山。夸父死时扔下的手杖，也化为了一片枝叶茂盛的桃林。桃林的地势险要，后人就把这里叫"桃林塞"。

夸父死了，他的后代子孙就居住在夸父山下，生儿育女，繁衍后代。夸父的子孙居住的村子，就是今天夸父山下的"夸父营"。

北海有兽

北海内有兽，其状如马，名曰驹骒。有兽焉，其名曰驳，状如白马，锯牙，食虎豹。有素兽焉，状如马，名曰蛩蛩。有青兽焉，状如虎，名曰罗罗。

译 文

北海内有一种野兽，它的模样像马，名叫驹骒。还有一种野兽，它的名字叫驳，模样像白马，长着如锯般的牙齿，可以吃掉虎豹。又有一种白色的野兽，模样也像马一样，名叫蛩蛩。又有一种青色的兽，模样像老虎，名叫罗罗。

山海经·海外东经

大人国

大人国在其北，为人大，坐而削[1]船。一曰在蹉丘北。

注　释

①削：这里是划船的意思。

译　文

大人国在它的北边，这里的人身材高大，坐在那里划船。一说大人国在蹉丘的北面。

神话故事演绎

巨人防风氏

防风氏是我国上古时期神话传说中的人物，他是巨人，有三丈（一丈约合三米）三尺高。他是防风国的创始人，又称汪芒氏，因为他生活的地点是一片汪洋的沼泽地。

传说大禹治水成功后，曾经到东方视察，并且在会稽山（今浙江绍兴一带）召集许多部落的首领，开庆功大会。去朝见大禹的人手里都拿着玉帛，仪式十分隆重。

庆功大会开了三天，大禹却始终没见到防风氏的踪影。直到庆功大会快结束时，防风氏才气喘吁吁地赶到。

大禹问防风氏为什么迟到。防风氏说："我接到通知后马上动身，没想到路上碰到天目山出蛟，苕溪河泛洪，水急浪高，无法渡河，因此迟到了。"

这几天，大禹耳朵里塞满了奉承话、赞扬声，对防风氏的迟到感到格外恼火，一时怒气冲天地说："你防风氏离会稽山最近，可是偏偏你迟到，你这不是居功自傲、目无君王吗？"

盛怒之下，大禹下令杀掉防风氏，杀一儆百，以显示自己的威势。

谁知，防风氏的头颅落地后，好久没见出血，大家惊得目瞪口呆。过了好一阵，竟有一股白血冲着天空喷出。

大禹和各个部落的首领都十分震惊，心想："为什么防风氏的头颅里喷出来的不是红血而是白血呢？"

于是大禹派人到防风国去调查。

几天后，负责调查的人回来向大禹禀报：防风氏在赶来的途中，确实遇到天目山出蛟，苕溪河泛洪。防风氏指挥部下打捞落水的百姓，忙了几天，饭也没顾得上吃，所以才迟到了。

大禹听后，想到防风氏疏导河流归太湖，又在防风领地内疏理了湘溪、英溪、阜溪、塘泾河，开凿了下渚湖通往东苕溪的河道；他还跟随自己风里来雨里去，帮自己立下了治水大功。大禹越想越怪罪自己，不知不觉流下泪水。

大禹为了弥补自己的过错，下令敕封防风氏为防风王，令防风国建造防风祠，供奉防风王神像，让官府和百姓每年祭祀。据说，大禹还亲临防风国参加防风王的第一次祭祀仪式。

有史书记载，防风氏的大腿骨与一辆车一样长，身高近五米。拥有这种身高的人，真是极为少见的巨人。

奢比尸

奢比[1] 之尸在其北，兽身、人面、大耳，珥两青蛇。一曰肝榆之尸在大人北。

注 释

①奢比：神的名字，也叫奢龙。

译 文

奢比尸神在大人国的北边，长着野兽的身子、人的脸、大大的耳朵，耳朵上挂着两条青蛇。一说肝榆尸神在大人国的北边。

君子国

君子国在其北，衣冠带剑，食兽，使二文虎在旁，其人好让不争。有薰华草，朝生夕死。一曰在肝榆之尸北。

译 文

君子国在奢比尸神的北边，这里的人都衣冠楚楚，腰间佩剑，吃野兽，役使两只有花纹的老虎在身旁。他们为人谦让，不好争斗。这里生长着一种薰华草，这种草早上开花，晚上凋谢。一说君子国在肝榆尸神的北边。

君子国人

天吴神

朝阳之谷，神曰天吴，是为水伯。在蚕蚕北两水间。其为兽也，八首人面，八足八尾，皆¹青黄。

注 释

①皆：有的版本为"背"。

译 文

在朝阳之谷有神叫作天吴，这就是所说的"水伯"。此神处在蚕蚕北边的两条河流之间。这个神长着野兽的样子，有八个脑袋，人的脸、八只脚、八条尾巴，都是青黄色。

黑齿国

黑齿国在其北，为人黑¹，食稻啖²蛇，一赤一青，在其旁。一曰在竖亥北，为人黑首，食稻使蛇，其一蛇赤。

注 释

①为人黑：当作"为人黑齿"。②啖（dàn）：吃。

译 文

黑齿国在它的北边，这里的人都长着很黑的牙齿，主食稻米饭，以蛇为菜肴，一条红蛇一条黑蛇分列其旁。一说黑齿国在竖亥的北边，这里的人头部都是黑色的，吃稻米饭，使唤蛇，有一条蛇是红色的。

雨师妾

雨师妾在其北，其为人黑，两手各操一蛇，左耳有青蛇，右耳有赤蛇。一曰在十日北，为人黑身人面，各操一龟。

译文

雨师妾国在它的北面，这里的人全身都是黑色的，左右两手各拿一条蛇，左耳挂着一条青蛇，右耳挂着一条红蛇。一说雨师妾国在十个太阳的北边，这里的人长着黑身子、人的面孔，左右两手各托着一只龟。

玄股国

玄股之国在其北。其为人股黑，衣鱼食鸥①，使两鸟夹之。一曰在雨师妾北。

注释

①衣鱼食鸥（ōu）：衣鱼：以鱼皮为衣，即穿着用鱼皮做的衣服。食鸥：即以鸥为食，鸥即海鸥。

译文

玄股国在它的北边，这里的人大腿是黑色的，他们以鱼皮做衣服，以鸥鸟为食，两只鸟夹在他们的身旁。一说玄股国在雨师妾国的北边。

玄股国人

毛民国

毛民之国在其北，为人身生毛。一曰在玄股北。

译 文

毛民国在它的北边，这里的人全身长毛。一说毛民国在玄股国的北边。

毛民国人

劳民国

劳民国在其北，其为人黑，食果草实也。有一鸟两头。或曰教民。一曰在毛民北，为人面目手足尽黑。

译文

劳民国在它的北边，这里的人全身是黑色的，拿野果和草实作食物。这里还有种鸟长有两个头。也有人称它为教民国。一说劳民国在毛民国的北边，这里的人脸、眼、手、脚全都是黑色的。

东方句芒

东方句芒①，鸟身人面，乘两龙。

注释

①句（gōu）芒：传说中的木神。

译文

东方的木神句芒，长着鸟的身子和人的脸，驾着两条龙。

山海经·海内南经

枭阳国

枭阳国在北朐之西。其为人，人面长唇，黑身有毛，反踵，见人则笑，左手操管。

枭阳国在北朐国的西边，这里的人长着人的脸、长长的嘴唇，黑色的身体上长着毛，脚跟朝前生，一见人就笑，左手拿着一个竹筒。

枭阳国人

117

氐人国

氐人国在建木西，其为人，人面而鱼身，无足。

译 文

氐人国在建木的西边，这里的人长着人的脸、鱼的身子，没有脚。

巴 蛇

巴蛇食象，三岁而出其骨，君子服之，无心腹之疾。其为蛇青、黄、赤、黑。一曰黑蛇青首，在犀牛[1]西。

注 释

①犀牛：《海内南经》内提到的一种野兽。

译 文

巴蛇吃象，三年以后才能排出象骨，具有才德的人吃了巴蛇的肉，心腹部不会得病。巴蛇有青色、黄色、红色和黑色的。一说是黑色的蛇，长着青色的头，在犀牛的西边。

巴蛇

后羿战巴蛇

在湖南岳阳巴陵广场上有一座"后羿战巴蛇"的雕塑，这座雕塑高十六米，重两千吨。来到岳阳旅游的人，大都会被这座雕塑背后的神话故事深深吸引。

据说在很久很久以前，洞庭湖一带的深山里住着一条凶恶的巴蛇。这条巴蛇身长一百八十米，头部是怪异的青色，身体却是黝黑的，鳞片坚硬如铁，裹在身上像穿着厚厚的铠甲。巴蛇自身带有剧毒，张开血盆大口喷射出来的毒液能到百米以外的地方，芯子袭击、卷食过往的生物，毒液腐蚀生灵。凡是它盘踞的地方寸草不生，生灵涂炭。

巴蛇本来是天生地孕的妖蛇，灵智早开却不潜心修行。它胃口越来越大，深山里已经再无生灵供它食用，它便对洞庭湖一带的渔民农户起了歹心。它在湖中兴风作浪，打翻船只，吞食落水的人，还伏在水边袭击过往的路人。本来碧波荡漾、飞舟迎浪的美丽洞庭湖，成了人迹罕至的可怕地带。

百姓受到残害，村庄良田遭受荼毒，民不聊生……这事惊动了尧，尧派遣神射手后羿前往洞庭湖一带斩杀妖蛇。

后羿驾了一叶小舟在洞庭湖上寻找巴蛇，找了很长时间也不见它的踪影。突然间，湖心冒出了一座"小山"，并迅速地移动着。后羿仔细一看，正是巴蛇。

巴蛇高昂着它硕大的头，吐着长长的红色的芯子，涌起巨大的波涛，直向后羿的小船冲过来。后羿拔箭迎面射去，可是箭在巴蛇身上弹了一下就落入水中了。

巴蛇愤怒了，加速向后羿冲来。巨浪把后羿的小船一会儿抛上浪尖，一会儿送进波谷。

后羿稳稳地站在小船上，随着颠簸的小船时上时下。他持弓在手，静候着巴蛇。当巴蛇张开大嘴，想要一口吞下他时，后羿敏捷地一晃，从小船上飞身骑到巴蛇身上，拉开弓箭向巴蛇射去。

巴蛇的鳞甲虽坚如钢铁，可也抵挡不住后羿神箭的力量。只见一股腥臭的鲜血从伤口喷出，立即染红了湖水。

巴蛇疼得咝咝直叫，卷起尾巴扑打后羿。后羿趁势抽出剑用力一挥，巴蛇的尾巴被齐齐地砍了下来，"砰"的一声落入湖中。后羿又用双手举剑，连连向巴蛇的头部猛刺。巴蛇在水中挣扎了一番，终于浮在水面上不动了。

湖边挤满了闻讯赶来的渔民，见巴蛇被杀死，他们一齐发出了震天的欢呼声。

后来，巴蛇的尸体僵而不化，变成了一座山。为了防止这条妖蛇再出来作恶，尧命人在这座蛇身化成的山上兴建房屋村庄，后称为"巴陵"。

旄　马

旄马，其状如马，四节有毛。在巴蛇西北，高山南。

🔘 译　文

旄马的样子像普通的马，四条腿的关节上都长着毛。它在巴蛇的西北边，高山的南边。

山海经·海内西经

昆仑开明兽

　　海内昆仑之虚，在西北，帝之下都。昆仑之虚，方八百里，高万仞[1]。上有木禾，长五寻[2]，大五围。面有九井，以玉为槛。面有九门，门有开明兽守之，百[3]神之所在。在八隅之岩，赤水之际，非仁羿[4]莫能上冈之岩。昆仑南渊深三百仞。开明兽身大类虎而九首，皆人面，东向立昆仑上。

🔘 **注　释**

　　①仞：古代度量单位，一仞为八尺。②寻：古代度量单位，八尺为一寻。③百：非实指，多的意思。④仁羿：这里指后羿，神话传说中为民造福的英雄，善于射箭，曾把天空中为害的九个太阳射掉，又射死毒蛇猛兽。

🔘 **译　文**

　　海内的昆仑山在西北方，是天帝在下方的都邑。昆仑山，方圆八百里，高有万仞。山顶生有稻子树，这株稻子树高达五寻，有五个人合抱那么粗。山的每一面都有九口

开明兽

井，每口井都有玉石做的栏杆。山的每一面都有九个门，每个门都有开明兽把守，那是百神所在的地方。这个地方在八方的山岩、赤水的岸边，除了像射日的后羿那样本领高强的英雄，没有人能够爬上这道山冈，攀登上那些巉岩。昆仑山的南面深三百仞。开明兽身体很大，样子像虎，却长着九个脑袋，都是人脸，面向东站立在昆仑山之上。

神话故事演绎

帝都昆仑山

据说，昆仑山是天帝在下界的统治中心，也是他常来游玩的行宫。

昆仑山高大雄伟，高达万仞。昆仑山并非拔地而起，而是分九层，山外有山，层层相叠，层与层之间相隔万里。从山下仰望，神山仙气弥漫，云雾缭绕，呈现出巍峨神圣的景象。

山的外面被深渊包围着，深渊的名字叫弱水，意思是即便轻如羽毛，也会在这不能承受任何重量的河流中沉没。

弱水外又环绕着烈火炎炎的火山，山上有一种烧不尽的树，不论风吹雨打，永不熄灭。火焰发出灿烂的光辉，把昆仑山山顶的宫殿照耀得分外美丽。

火中还生长着一种老鼠，身体比牛还大，重达五百千克，身上的毛有半米多长，细滑如丝。这种老鼠一离开火，用水一泼就会死掉，把它的毛剪下可以织布。用这种布做的衣服，永远不用洗，穿脏了只要在火中一烧，就洁净如新，这种布被称为火浣布。

昆仑山上壮丽的宫殿由五座城池、十二座楼阁组成，四周围着栏杆，每一面有九口井，用玲珑剔透的玉石做井栏。每一面又有九扇门，其中正门对着东方，每天早晨迎接旭日的光辉，并由神兽把守。这种神兽就是开明兽，它十分雄壮，有九个头颅，脸长得很像人。它立在昆仑山上遥望东方，似乎在监视着什么。

　　宫殿按五行布置，四方及中央各长有很多特别的树。东面有两种树：一种叫沙棠树，形状像海棠，黄花赤实，果实无核，味道像李子，非常甜美；一种叫琅玕树，枝条、花朵和叶子都是由玉生成的，青葱可爱。微风吹来，枝叶相击，发出悦耳的声音。琅玕树由一位名叫离朱的天神看守。他有三头六眼，因为三个头轮流睡觉，所以不分昼夜总有一只眼睛注视着琅玕树。琅玕树上能长美玉，样子像珍珠。宫中的凤凰和鸾鸟都以美玉为食。西面有珠树、玉树、璇树、不死树四种。南面有一种绛树。北面有碧树、瑶树两种。宫内中央最高处有一株稻子，叫木禾，高达五寻，有五个人合抱那么粗。里面还有一种奇特的视肉。视肉是一种生物，样子像牛肝，中间生了一对小眼睛，没有四肢百骸。它的肉总是吃不完，所以是一种理想的食物。

　　火红的凤凰在宫殿里穿梭飞翔，专门替天帝保管衣服及其他生活用品。

　　宫殿的总管是一个叫陆吾的天神，他相貌威严，长着人的脸、老虎的身子，还有九条尾巴。陆吾不仅掌管着"帝之下都"，还兼管"天之九部"。所谓天之九部，就是整个上层宇宙。天帝的苑圃中的时令与节气也归他管，他堪称天帝的大管家。

　　宫殿的东北方是天帝在人间的花园——槐江山。无数个月朗星稀的夜晚，天帝站在花园中，欣赏着昆仑山上光华灿烂、云气缭绕的美丽景象。掌管这座花园的就是天神英招。英招马身人面，身上长着老虎一样的花纹、鸟一样的翅膀。他每天不断地巡视这座花园，将花园管理得很好。

　　这就是神话中的神仙世界。

凤　皇

开明西有凤皇、鸾鸟，皆戴蛇践蛇，膺[1]有赤蛇。

注 释

①膺（yīng）：胸口。

译 文

开明兽西边有凤皇、鸾鸟，它们都是头上缠着蛇，脚底下踩着蛇，胸前还挂着红色的蛇。

三头人

服常树[1]，其上有三头人，伺琅玕树[2]。

注 释

①服常树：据说是沙棠树。②琅玕（láng gān）树：传说中的一种可以结出珠玉的树。

译 文

服常树，也就是沙棠树，树上有长着三个脑袋的人，在那里看守着附近的琅玕树。

树 鸟

开明南有树鸟，六首。蛟、蝮[1]、蛇、蜼、豹、鸟秩树[2]，于表池树木[3]，诵鸟[4]、鶽[5]、视肉。

译 文

开明兽的南部有一种树鸟，它长着六个脑袋。还有蛟、蝮、蛇、长尾猴、豹子及鸟秩树，这些鸟秩树环绕在池子的周围，使得池子益加华美，又有诵鸟、鶽和视肉。

西王母

西王母梯几而戴胜杖¹。其南有三青鸟，为西王母取食。在昆仑虚北。

注 释

①梯几而戴胜杖：梯：倚靠。几：矮小的案桌。胜：玉胜，一种首饰。杖：当为衍字。

译 文

西王母倚靠在一张几案旁，头上戴着玉胜。她的南面有三只青鸟，正在四下里寻寻觅觅为西王母找取食物。西王母所在的位置在昆仑山的北面。

大禹拜见西王母

在昆仑山的北面，西王母倚靠着小桌案。在她的南面有三只勇猛善飞的青鸟，正在为她觅取食物。西王母既是主管灾异刑罚的天神，又是玉山与昆仑山的山神，曾经设宴招待过远道而来的周穆王。三青鸟的名字分别为大鵹（lí）、少鵹和青鸟，是为西王母取食的神鸟。西王母身边除了有三青鸟之外，还有三足乌、九尾狐，它们和三青鸟一样，都是西王母的使者。

传说大禹在河西治理洪水的过程中，西王母给了他很多帮助，才使他圆满完成了治水任务。大功告成之后，大禹也曾经被三青鸟使引见，拜访过西王母，当面向她道谢。

那日，大禹乘龙离开蓬莱，忽见一个道者向他拱手道："听说足下一直想觐见西王母，我奉太上真人之命前来告知，如今她已前往钟山，请足下到钟山去。"青鸟向大禹道："既然太上真人如此吩咐，我们就往钟山去吧。"

足足走了半日，忽见前面矗矗高山，少鵹道："这便是了。"大禹下车观看，只见此地景象与蓬莱不同，幽雅之中兼带肃穆之气，瑶草琪花，处处开放。面前一座金色宫城，城门横额上书"阊阖"二字，每字足有十丈大小。只见城门开放，一队仙人飘然而至，原来是西王母遣来迎接大禹的。那为首两人向三青鸟说道："王母懿旨，叫汝等陪文命（大禹名文命）到行宫休息。"

三青鸟便领着大禹及天将等向别路而行，但见街道广阔，房屋都非常高大，金门玉壁，富丽不可言状。其间众仙往来穿行，或步行，或骑鸾鸟、仙鹤，见了大禹，无不拱手行礼。大鵹道："这座山上，所有仙人为数过万，就算是我们也不能一一区别。"大禹道："他们都各任何职？"大鵹道："有些有职司，有些并无职司，无职司的大都是新近得道、功行尚浅，于是便奉命伺候上仙。"

大禹道："既已成仙，还要伺候哪个？"大鹜道："此间虽说都是神仙，但亦分尊卑长幼，等级卑下的应去侍奉等级高的，就像人间仆役伺候主人一般。刚才前来欢迎文命的一班人便是伺候王母的侍从。能够伺候王母已属难得。有些神仙名位并不高，但是仍须伺候，因此下神非常辛苦。所以下界有些修仙之人得道之后并不急于上升，情愿在下界多住万八千年，以避免伺奉之苦。"

到了次日，大禹跟着三青鸟出了行宫，只见已有一辆车子停在门口，它将大禹带到一处宏大无比的宫殿前。众人下车后穿过大屋，只见后面是个极大的花园，方圆足有百亩，奇花异草竞相开放。正面阶前正有无数的神仙列队相迎。大禹细看，男男女女，骈肩叠背，足有几百位。

忽见一个妙龄女仙排众而出，向大禹行礼道："先生已到钟山，归功于九天了。家母不过略尽绵薄之力，何功之有？岂敢当这个谢字！"原来此女便是王母第四女南极王夫人林容真。大禹听闻此言道："大功之成，全由王母，某奉天子所托前来跪谢。何敢违天子之命于草莽，还请夫人代达下情，文命方不辱君命。"林容真依旧代王母辞谢，大禹又固请。正在相持之时，人丛中一老者高声叫道："主人太谦，客人又太过至诚，虽都是美德，却害得我们站在这里苦等。我等不才，来做个调人。俗语说：'恭敬不如从命。'文命见了主人，只要口中多说两个谢字，跪拜大礼尽可免去，如此一来，主人之心既安，文命归去亦可以复命于天子。众位以为如何？"大禹无奈，只能说道："既然如此，文命莫敢不从。"此时众人散开，大禹才得以觐见西王母。

西王母

山海经·海内北经

贰负臣危

贰负[1]之臣曰危，危与贰负杀窫窳[2]。帝乃梏之疏属之山，桎其右足，反缚[3]两手与发[4]，系之山上木。在开题[5]西北。

注释

①贰负：传说中的天神，人面蛇身。②窫窳：传说中的一种怪兽，形状像㹱，生着龙的脑袋，会吃人。③缚：绑。④与发：两字当为衍字。一说指反绑两手，与头发缚在一起。⑤开题：指鸡头山。

译文

贰负的臣子叫危，危和贰负杀了窫窳。天帝把他囚禁在疏属山，铐住了右脚，反绑了两手，与头发缚在一起，捆在山上的树木上。这个地方位于开题的西北部。

危

犬封国

犬封国曰犬戎国，状如犬。有一女子，方跪进杯食。有文马，缟身朱鬣，目若黄金，名曰吉量，乘之寿千岁。

译文

犬封国又叫犬戎国，这里的人形状像狗。犬封国有一名女子，正跪着恭恭敬敬地进献酒食。犬封国有一种文马，纯白的身子，红色的鬣毛，眼睛里放出金色的光芒，名叫吉量，骑上它就可以长寿千岁。

鬼　国

鬼国在贰负之尸北，为物人面而一目。一曰贰负神在其东，为物人面蛇身。

译文

鬼国在贰负尸的北边，这里的人长着人的脸，脸的中间有一只眼睛。一说贰负神在它的东面，鬼国的人长着人的脸、蛇的身子。

鬼国人

蜪 犬

蜪犬如犬，青，食人从首始。

译 文

蜪犬长得像狗，浑身青色，吃人时从头开始吃。

蜪犬

穷 奇

穷奇状如虎，有翼，食人从首始，所食被发。在蜪犬北。一曰从足。

译 文

穷奇的样子长得像虎，长着翅膀，吃人从头部开始吃起，被吃的人披散着头发。穷奇在蜪犬的北边。一说它吃人从脚部吃起。

阘非

阘非，人面而兽身，青色。

译文

阘非，长着人的脸、野兽的身子，浑身青色。

据比尸

据比之尸，其为人折颈被发，无一手。

译文

据比尸神的模样很怪，他脖子被折断，头发披散着，一条胳膊也没了。

环狗

环狗，其为人兽首人身。一曰猬状如狗，黄色。

译文

环狗国的人，长着野兽的脑袋、人的身子。一说长着刺猬的样子，又有点像狗，全身黄色。

戎

戎，其为人，人首三角。

译文

戎，这里的人长着人的脑袋，脑袋上有三只角。

骄 吾

林氏国有珍兽，大若虎，五采毕具，尾长于身，名曰骄吾，乘之日行千里。

译文

林氏国有一种珍奇的野兽，体大如虎，身披五彩，尾巴长得长过身躯，名叫骄吾，骑上它一天可以行走千里。

骄吾

冰　夷

从极之渊，深三百仞，维**冰夷**[1]恒都焉。冰夷人面，乘两龙。一曰忠极之渊。

注　释

①**冰夷**：河伯，传说中的水神。

译　文

从极渊，深有三百仞，只有冰夷长期住在那里。冰夷神长着人的脸，驾着两条龙。一说从极渊是忠极渊。

神话故事演绎

冰夷河伯

据说从极渊有三百仞深，是冰夷神长期居住的地方。冰夷神的相貌是人面鱼身。他乘着两条龙，巡游在天地江河之间。另一种说法认为从极渊叫忠极渊，冰夷又名冯夷、无夷，即河伯。传说他是华阴潼乡堤首人，因服用仙药八石而升仙，成为河伯。一说他于八月上庚日渡河溺死，后来天帝便封他为河伯。他是个浪荡风流之神，要求人们每次祭祀的时候都要给他敬献一位美女，他才保佑来年不发大水。

后羿听说河伯竟向人间索要美女，还经常在人渡河的时候将人拉下水溺死，于是便决定除掉河伯。他在水边等了几天几夜，终于等到了河伯出现。当时河伯化身为白龙，在水边游弋，正好被等候多时的后羿见到，于是后羿拈弓搭箭，一下射中了白龙的右眼。

河伯痛不欲生，便上天面见天帝，说："请你为我报仇，杀掉后羿!"天帝问道："你为什么被他射到了呢?"河伯回答说："我当时变成白龙出水游玩,正好被他看到。"天帝便批评河伯："如果你安分守己地待在你的深渊中,后羿如何能射得到你?现在你浮出水面,就跟虫蛇鸟兽一样。况且你罪孽深重,他射你也是应该的,又有什么罪呢?"河伯无言以对,只得作罢。

山海经·海内东经

大　蟹

大蟹[1]在海中。

注　释

①大蟹：古人说是千里之蟹，即方圆千里大小的蟹。

译　文

大蟹生活在大海中。

陵　鱼

陵鱼[1]，人面，手足，鱼身，在海中。

注　释

①陵鱼：即人鱼，娃娃鱼。

译文

陵鱼长着人的脸，有手有足，长着鱼的身子，生活在海中。

蓬莱山

蓬莱山[1]在海中。

注释

①蓬莱山：传说在渤海中有蓬莱山，上面有神仙居住的宫室，由黄金和玉石筑成，飞鸟走兽都呈白色，远远望去像一片白云。

译文

蓬莱山屹立在海中。

雷 神

雷泽中有雷神，龙身而人头，鼓其腹则雷。在吴西。

译文

雷泽中有雷神，长着龙的身子，人的脑袋，时常鼓动自己的肚子，从而放出响雷来。雷泽位于吴地的西面。

雷神

四　蛇

汉水出鲋鱼之山，帝颛顼葬于阳，九嫔葬于阴，四蛇卫之。

译文

汉水发源于鲋鱼山，帝颛顼埋葬于山的南坡，他的九个嫔妃埋葬于山的北坡，有四条神蛇守卫着。

山海经·大荒东经

折 丹

大荒之中，有山名曰鞠陵于天、东极、离瞀，日月所出。有神名曰折丹，东方曰折，来风曰俊，处东极以出入风。

译文

大荒之中有三座山，一座山叫鞠陵于天，一座山叫东极，还有一座山叫离瞀，这三座山是太阳、月亮升起的地方。有一位神名叫折丹，东方称他为折，来自东方的风叫俊，他就住在大地的东极，管理着风的出入。

禺 䝞

东海之渚[1]中，有神，人面鸟身，珥两黄蛇，践两黄蛇，名曰禺䝞。黄帝生禺䝞，禺䝞生禺京。禺京处北海，禺䝞处东海，是惟海神。

注 释

①渚：水中的小块陆地，这里指海中岛屿。

译 文

东海的岛屿上，有一个神，长着人的脸、鸟的身子，耳朵上挂着两条黄蛇，脚下踏着两条黄蛇，他的名字叫禺䝞。黄帝生了禺䝞，禺䝞生了禺京。禺京在北海，禺䝞在东海，都做了海神。

应 龙

大荒东北隅中，有山名曰凶犁土丘。应龙处南极，杀蚩尤与夸父，不得复上，故下数旱。旱而为应龙之状，乃得大雨。

译 文

大荒的东北角上，有一座山名叫凶犁土丘。应龙住在这座山的南端，他在黄帝与蚩尤的大战中帮助黄帝杀死过蚩尤，又杀死过夸父，耗尽了神力，不能再上天。因为天上缺少了兴云布雨的神，所以天下多次发生旱灾。每当这种情况发生，百姓就扮成应龙的样子去求雨，果然就会得到大雨。

应龙

夔

　　东海中有流波山，入海七千里。其上有兽，状如牛，苍身而无角，一足，出入水则必风雨，其光如日月，其声如雷，其名曰夔。黄帝得之，以其皮为鼓，橛[1]以雷兽之骨，声闻五百里，以威天下。

注　释

　　①橛：短木桩，这里指鼓槌。

译　文

　　东海中有流波山，延伸到海中七千里。山上有一种野兽，样子就像牛，有着青色的身子，头上没有角，有一只脚，出入水中定会伴随着大风大雨，它身上发出的光芒就像太阳与月亮，声音如同响雷，它的名字叫夔。黄帝得到了它，用它的皮做成了鼓，用雷兽的骨头做成了敲鼓的槌。敲打这面鼓的响声，五百里外的人都能听到，黄帝以此来威慑天下。

夔

黄帝蚩尤之战

黄帝在成为威震四方的中央天帝之前，经历了许多规模宏大的战争，其中最大的战争发生在炎帝和黄帝之间。

当黄帝在北方逐渐强大起来时，炎帝早已是称雄南方的一方之主。炎帝眼见黄帝日益强大，曾多次北上讨伐黄帝，两位都想成为统治整个天地的帝王。黄帝与炎帝的最大一次战争发生在阪泉的原野。黄帝率领十万神兵、十万人兵、十万鬼兵，以翱翔天穹的鹰、雕、鸷、鸢等凶禽作旗帜，以驰骋山野的虎、豹、熊、罴[1]等猛兽作前锋，在阪泉的原野与炎帝的军队展开了一场大决战。两军刀兵相见，杀得血流成河，尸积如山。恶战一连打了三场，仁慈年迈的炎帝抵挡不住年轻气盛的黄帝，一溃千里，退到了遥远的海南边隅[2]。

炎帝败退南方后，他的属下先后奋起，要为他们的君主复仇。

首先兴兵讨伐黄帝的是炎帝的苗裔战神蚩尤。

蚩尤有八十一个兄弟，个个身高数丈，铜头铁额，四眼六臂，牛腿人身，满口钢牙铁齿，每日三餐吃的都是铁锭和石块。蚩尤的头上长着两只角，耳旁鬓发倒竖，坚硬锐利胜过钢枪铜戟，一头扎过去，神鬼难挡。

炎帝与黄帝决战阪泉原野时，蚩尤作为炎帝的武将随军听用。炎帝打了败战，蚩尤不幸被俘，做了黄帝的臣仆，蚩尤被屈辱和羞耻深深折磨着，虽然在黄帝手下做事，可是从来没有忘记有朝一日杀了黄帝，为炎帝、为自己报仇。他和黄帝手下的风伯、雨师成了好朋友，并在风伯、雨师的帮助下逃回了南方。

①罴（pí）：棕熊。
②边隅：边境。

蚩尤费尽口舌劝炎帝**重振旗鼓**¹再去讨伐黄帝，无奈炎帝再也不愿重开战事，说："我教人们耕种土地，收获粮食，尝百草治疾病，是为了天下苍生能安居乐业。阪泉之战，十万生灵涂炭，已与我的初衷完全背离。我不忍心再让民众为我而死亡。"

蚩尤气得跺脚，离开了炎帝，回到部落，聚集了自己的八十一个兄弟，收编了山林水泽中的魑魅魍魉（chī mèi wǎng liǎng），又召集了骁勇善战的三苗之民，借炎帝的名号，正式举起反抗大旗，指挥军队，向西北的黄帝统治地区进发。

蚩尤把战场选在了阪泉之野，布下了弥漫百里的云雾大阵，要在当年被打败的地方打败黄帝。

黄帝根本没有把蚩尤这个自己当年的手下败将放在眼里，任命力牧为前军大将军，风后为中军参谋，只率领三万兵马挥师南下，来到阪泉之野迎击蚩尤。

黄帝正扬扬得意，下令击鼓进攻。忽然，蚩尤阵中传来一阵阵尖厉怪异的嘶叫声，万里晴空顿时弥漫起浓浓大雾，十步之外不见人影。士兵四处乱闯，不辨东南西北，甚至自相残杀。蚩尤的伏兵趁着浓雾掩护杀了过来。蚩尤的八十一个兄弟个个勇猛异常，横冲直撞，无人能敌。三苗之民穿戴怪异，手执藤牌利刃，左劈右砍，杀敌无数。魑魅魍魉时现时没，暗箭伤人，把黄帝的军队打得晕头转向，人仰马翻。

这场百里大雾足足笼罩了三天三夜，蚩尤的军队越战越勇，胜利在望。黄帝的士兵都感到绝望了，幸亏头颅巨大、身材细小的风后发明了指南车，黄帝的军队在指南车的指引下，向北突围，终于冲出大雾，摆脱了蚩尤的追杀。黄帝扎下营盘，计点兵马，兵力损失了一半。黄帝急忙升帐，发出四道命令：追风使者速到凶犁土丘召应龙；逐电使者速去中央天庭召天女魃（bá）；十八神行太保奉旨分投三界，命天上、人间、幽冥各路诸侯快速增援；力牧率五千将士昼夜巡逻，严

---

①**重振旗鼓**：指失败之后，重新集合力量再干。

防敌人偷营劫寨；风后领一万兵卒深掘沟堑，高筑壁垒，固守营寨，等待援军到来。

黄帝焦急地等了三天，援军终于陆续到来。最叫黄帝高兴的是他高傲的女儿魃也前来相助。魃身穿一件青色的战袍，身高只有两三尺，脑门上光秃秃的，两只眼睛长到了头顶上。传说很早的时候，神、人、鬼三界评选最美、最丑的人，魃不幸被列为最丑。魃由于身体、相貌条件都不好，到了婚嫁年龄还是无人上门提亲。她身为公主，又聪明能干，极其自负，总觉得自己被冷落了，心里窝着一肚子的火。经过年复一年的积蓄，她心中的火气越积越多，只要稍稍施法，就胜过喷涌而出的火山岩浆，破坏力、杀伤力大得惊人。

黄帝决定把与蚩尤决战的战场移到冀州地面，指挥着十八路诸侯，带领着十万大军在冀州摆下了阵势。黄帝先派出擅长蓄水行雨术的大将应龙，在冀州之北的大峡谷蓄起一大片水，准备在蚩尤行起大雾阵时，将积蓄的水变成大雨，用雨水来驱散大雾。

果然，蚩尤又摆起了大雾阵。应龙拍了拍巨大的翅膀飞到阵前，还来不及行雨，早在黄帝军中的蚩尤的朋友风伯、雨师反叛了黄帝，加入了蚩尤的阵营。风伯先施展神术，刮起了威力巨大的狂风，顿时飞沙走石，房屋被毁，大树连根拔起。接着，雨师发力，下起了瓢泼大雨，一时山洪暴发，迅速将应龙蓄水的大坝摧垮。应龙断了翅膀，向北逃命。十八路诸侯的军队见状也四散逃命，眼看黄帝又要大败了。就在这时，魃怒目圆睁，发出一声尖叫，出阵迎战。

魃通过口、鼻、眼、耳及四肢喷射出十一股熊熊烈火燃遍天地之间。顿时，狂风骤歇，暴雨立停，气温急剧上升，整个大地如同火焰山一般滚烫。

风伯、雨师的神术不再灵验，魑魅魍魉无计可施，蚩尤的八十一个兄弟也傻了眼。黄帝挥动进军红旗，十八路诸侯的大军浩浩荡荡杀了过来。蚩尤的军队大败，向南溃退。

魃帮助父亲反败为胜，取得了冀州之战的胜利，可是由于用力过猛，体内能量消耗殆尽，再也无力飞上天庭，只能留在人间。不过，魃所到之处，就会天干地燥，遭受大旱，庄稼枯死，火灾不断。因为她的火气虽然不如以前那样大，但是她体内还有残留的热量，一不如意，火气上攻，就要祸及四方。所以，魃就成了人们诅咒、驱逐的恶魔，被称为"旱魃"。

冀州之战蚩尤虽然战败，但是并未伤及元气。之后，他又多次发动对黄帝的战争，双方势均力敌，互有胜负。黄帝见一时不能打败蚩尤，就索性让军队稍作休整，自己带着将领们登上泰山商讨战胜蚩尤的办法。一天傍晚，黄帝独自在泰山顶上欣赏晚霞，忽见一位人面燕身的仙女飘然而至。黄帝急忙上前行礼，那仙女微笑着说："我是九天玄女，特来教你兵法。"说完，把如何攻、如何守、如何布阵等种种神奇的兵法一一传授给黄帝，并把写有神奇兵法的天书留给了黄帝。

黄帝得了九天玄女的天书，心中大喜，闭门三月潜心学习兵法，直到全部掌握。尔后，黄帝又得到一柄昆吾山赤铜铸造的青锋宝剑，接着，黄帝派儿子东海神禺虢去捕捉夔。夔形体像牛，但头上无角，只有一只脚，全身青灰色，能发出巨大的声音，生活在东海深处。黄帝把儿子捕捉到的夔的皮剥下晾干，制成了一面战鼓。雷泽中的雷神打起雷来响彻云霄，能震破人胆。黄帝派天兵天将将雷神捉来杀死，抽出两根大腿骨做鼓槌。黄帝用雷神骨做鼓槌，击打用夔皮蒙起的战鼓，发出的声音几百里内都震耳欲聋，威力巨大无比。

黄帝有了昆吾青锋剑、夔皮鼓、雷神骨鼓槌三件宝器，信心大增。他命令力牧率领一支军队佯攻牵制蚩尤，把蚩尤的主力引进包围圈。黄帝依照九天玄女传授的兵法训练军队，把各种作战阵法都演练了一遍，摆下了一个十面埋伏之阵，单等蚩尤的军队进入埋伏圈。

蚩尤已多次打败过力牧率领的部队，这次力牧佯败而退，蚩尤没有防备，仍然紧紧追赶。

黄帝腰佩昆吾青锋剑雄赳赳气昂昂地立在阵前，身后，打鼓神铁胳膊手握雷神骨鼓槌站在夔皮鼓的后面。黄帝见蚩尤的军队全部进入包围圈，立即下令："擂鼓！"打鼓神铁胳膊挥动雷神骨鼓槌，由缓到急打起了夔皮鼓。开始时，鼓声还只是有些震耳，到后来，只听鼓点越来越急，越来越响。等到夔皮鼓打过三遍，三苗之民被鼓声震得七窍流血，魑魅魍魉被震得晕头转向，蚩尤兄弟也被震得手足发麻，握不住兵器。黄帝指挥大军杀过来，势不可当。黄帝把昆吾青锋剑挥舞得像车轮般飞转，蚩尤八十一个兄弟的铁额铜头纷纷像切草砍瓜似的被一一削落，魂归南天。应龙补好了翅膀，在空中张牙舞爪，发出阵阵怪叫，协助十八路诸侯的兵马把三苗之民、魑魅魍魉杀得血流成河，尸积如山。很快，蚩尤被杀得几乎全军覆灭。

蚩尤孤身浴血奋战，突出重围，正准备逃回南方，应龙突然截住了他的去路。蚩尤怒目圆睁，猛地一头撞去，锐利的鬃发和铁额铜头把应龙的身子撞出一个巨大的口子。应龙顿时鲜血四溅，翅膀下垂，但他还是奋力向南方滑翔而去，慢慢地坠落在地上。

蚩尤虽然打败了应龙，但是黄帝的大军已经包围上来。蚩尤逃到黎山，已是筋疲力尽。黄帝手下的猛士杀到，将蚩尤团团围住，用一排排挠钩把蚩尤拖翻在地，用十条铁索将蚩尤捆绑起来。黄帝下令将蚩尤斩首。

为了防止蚩尤日后成精作怪，黄帝又将蚩尤的身子和头颅分葬两处：一处在东平寿张的阚乡城，坟高七丈，坟顶时有红云升起，形状像一匹红色的锦帛，当地人称它为"蚩尤旗"。另一处在山阳巨野的重聚乡，坟墓的大小同阚乡城的一样。蚩尤身首分离，所以斩首的地方叫"解"。直到今天，解州还有一口大盐池，池里的卤水呈殷红色，人们称它为"蚩尤血"。据说黄帝杀蚩尤时怕他挣脱，不敢卸去手铐脚镣，直到蚩尤彻底死了，才卸下沾满血迹的枷铐抛在大荒之中的宋山上。后来，枷铐长成一大片枫树林，枷铐上的斑斑血迹化作了鲜红如血的枫叶。

山海经·大荒南经

跃踢

南海之外，赤水之西，流沙之东，有兽，左右有首，名曰跃踢。有三青兽相并，名曰双双。

译文

南海海外，赤水的西面，流沙的东面，有一种野兽，左右各有一个头，名叫跃踢。还有三只青色的兽合并在一起，名叫双双。

跃踢

玄　蛇

有荣山，荣水出焉。黑水之南，有玄蛇，食麈[1]。

注　释

①麈（zhǔ）：古书上指鹿一类的动物。

译　文

有一座荣山，荣水发源于这里。黑水的南边，有黑色的大蛇，能吞食大鹿。

黄　鸟

有巫山者，西有黄鸟[1]。帝药，八斋[2]。黄鸟于巫山，司此玄蛇。

注　释

①黄鸟：古"黄""皇"通用，黄鸟即皇鸟，属凤凰一类的神鸟。　②斋：屋子，房子。

译　文

有一座巫山，它的西边有黄鸟。天帝的仙药，就藏在巫山的八个斋舍中。黄鸟栖息在巫山上，专门看守着贪婪的大黑蛇（以防它吃掉天帝的仙药）。

山海经

盈民国

有盈民之国，於姓，黍食。又有人方食木叶。

译 文

有一个盈民国，姓於，以黍为主食。又有人正在吃树叶。

蜮 人

有蜮①山者，有蜮民之国，桑姓，食黍，射蜮是食。有人方扜②弓射黄蛇，名曰蜮人。

注 释

①蜮（yù）：一种生长在水边的害虫，能含沙射人，如被射中，就会生疮得病而死。②扜（yū）：引，拉。

译 文

有一座蜮山，附近有个国叫蜮民国，这里的人姓桑，以黍为主食，同时也射蜮来吃。有人正在挽起弓来射黄蛇，名叫蜮人。

育 蛇

有宋山者，有赤蛇，名曰育蛇。有木生山上，名曰枫木。枫木，蚩尤所弃其桎梏，是为枫木。

译 文

有一座宋山，山上有一种红色的蛇，名叫育蛇。有树木生在山上，名叫枫木。枫木，是蚩尤死前丢弃的桎梏，后来变成了枫木。

焦侥国

有小人，名曰焦侥之国，幾姓，嘉谷是食。

译 文

有一个由小人组成的国家，名叫焦侥国，那里的人姓幾，以嘉谷为食。

山海经·大荒西经

女 娲

有神十人，名曰女娲之肠，化为神，处栗广之野，横道而处。

译 文

有十个神人，他们的名字叫女娲肠，是女娲死后的肠子变成的，住在栗广的荒野上，横截道路而居。

神话故事演绎

女娲补天

天地间自从有了勤劳智慧的人类以后，大地一天比一天更有生气，更加美丽。

不幸的是，水神共工在一次恶战中惨败，他又恼又羞，像头发了疯的狮子，一头对着不周山撞去。这一撞非同小可，不周山顿时崩塌下来，把一根撑天柱给撞断了。要知道，天本来是由四根柱子支撑着的，这一下还了得，只听到"轰隆隆"一声巨响，天崩地裂，西北角的半边天倾塌下来，天上出现了一个大窟窿，大地也被震出竖一道横一道的大裂缝。一时，江河横溢，山石崩飞，森林燃烧，野兽跑出来残害人类，整个世界陷入一片混乱和恐怖之中。

　　天神女娲——这位人类的创造者、慈爱的母亲，看到这般情景，十分痛心。她决心把天地重新修补起来，让人类平安幸福地生存下去。

　　女娲找来红、黄、蓝、白、黑五种颜色的石头，放在一个大坑里，燃起芦柴烧炼。五彩石炼成了黏稠的石浆，女娲一挥手，石浆就飞上天去，把天的窟窿补好了。她怕补好的天再塌落下来，又到大海捉来巨龟，斩下龟足，用来替换天柱把天撑起来。接着，女娲用芦苇烧成的灰，把喷涌出洪水的地缝堵塞、填平。最后，她奋勇杀死兴风作浪的水怪黑龙。那些恶禽猛兽纷纷逃回山中，再也不敢到处流窜，伤害人类了。

　　天地恢复了平静。由于这一次震动，天朝西北方向倾斜，日月星辰都往那个方向滑下去。地面也西北高耸，东南低沉，地上的江河都向东南方向流去。因为日月星辰的运行，大地从此有了春夏秋冬的变化和白天黑夜的区分。因为江河的不断流动，滋润了两岸的大片土地，草木繁茂，五谷丰登，人类才获得了新生。

　　世世代代生活在大地上的人类，永远怀念着这位仁慈的母亲——女娲，传颂着她的伟大功业。

石　夷

　　有人名曰石夷，西方曰夷，来风曰韦，处西北隅以司日月之长短。

译文

　　有人名叫石夷，西方叫夷，从西方吹来的风叫韦，石夷居住在大地的西北角，掌管着太阳和月亮运行时间的长短。

五色鸟

有玄丹之山。有五色之鸟，人面有发。爰有青鹜、黄鹜、青鸟、黄鸟，其所集者其国亡。

译文

有一座玄丹山，山上有五色鸟，长着人的面孔，头上有头发。这里还有青鹜、黄鹜，也就是青鸟、黄鸟，它们汇集栖息在哪个国家，哪个国家就会灭亡。

人面虎身神

西海之南，流沙之滨，赤水之后，黑水之前，有大山，名曰昆仑之丘。有神，人面虎身，有文有尾，皆白，处之。其下有弱水之渊环之，其外有炎火之山，投物辄然。有人，戴胜，虎齿，有豹尾，穴处，名曰西王母。此山万物尽有。

译文

西海的南边，流沙的边缘，赤水的后面，黑水的前面，有一座大山，名叫昆仑丘。有一个神，长着人的脸、虎的身子，身上有花纹，有尾巴，都是白色的，他居住在这里。昆仑山的下面有弱水深渊环绕，它的外面有炎火山，东西一投进去就会燃烧起来。有人，戴着玉首饰，长着虎的牙齿，豹的尾巴，住在洞穴里，名叫西王母。这座山什么都有。

三面人

大荒之中，有山名曰大荒之山，日月所入。有人焉，三面，是颛顼之子，三面一臂，三面之人不死。是谓大荒之野。

译 文

大荒之中，有一座山名叫大荒山，是太阳和月亮落下去的地方。这里有一种人，长着三张脸，他们是颛顼的子孙后代，生着三张脸和一条胳膊，能长生不死。这里就叫大荒野。

神话故事演绎

颛顼的孩子们

颛顼在历史上占有十分重要的地位。他本名乾荒，是黄帝轩辕氏的孙子。在有关天神的传说中，颛顼是主管北方的天帝。

相传，颛顼有二十四个儿子，但颛顼对他们缺乏管教，导致他们中的许多人都祸害人间，极少有谁能够为人间造福。

颛顼有三个儿子死去了，一个变为疟鬼，潜伏在长江，传播疟疾病菌，害得人发寒热、打摆子；一个变为貌似童子的魍魉隐匿在弱水，夜间施展迷惑人的伎俩，引诱行人失足坠河；还有一个变为小儿鬼躲藏在人的屋角，暗中吓唬小孩，使之害怕、哭号。

颛顼有一个儿子叫穷蝉，后人称穷蝉为灶神。穷蝉在每家每户的灶台上都摆放了一只罐子，他每天向罐子里投一个签。如果到了年底的时候，这个罐子已经装满的话，就叫作"恶贯满盈"。他就将这个人的恶行报告天帝，这个人就会受到天帝的惩罚。所以，民间就有了腊月二十三供奉灶王爷的习俗。人们怕他说坏话，就供奉他各种各样的美味佳肴，希望他在报告的时候，只说好话，不说坏话。

颛顼还有一个儿子叫梼杌，梼杌是一只怪兽。梼杌的身体比老虎大一点儿，身上长着长长的毛，有野猪的牙齿、老虎的爪子，并且身后还拖着一条长一丈八尺的大尾巴。梼杌经常在旷野为非作歹，几乎没有人可以制服梼杌。

颛顼有一个女儿叫姑获鸟，她昼伏夜出。披上羽毛，她能在天空飞翔；脱下羽毛，她能化身为女人。她没有儿子，如果看中了别人的儿子，便千方百计将孩子偷走，所以人们对她恨之入骨。

颛顼的子孙后代非常多，遍布大江南北。草长莺飞的江南，白雪飘飘的塞北，到处都有他们的足迹。传说他们中的一支后来发展为南方的楚国，在战国时期成为国力强盛的国家之一。屈原就曾为自己是高阳氏颛顼的后代而感到自豪。

山海经·大荒北经

肃慎氏国

大荒之中，有山名曰不咸，有肃慎氏之国。有蜚[1]蛭，四翼。有虫，兽首蛇身，名曰琴虫。

○ **注 释**

①蜚（fēi）：同"飞"。

○ **译 文**

大荒当中，有一座山名叫不咸，附近有一个肃慎氏国。有会飞的蛭，生着四只翅膀。有一种蛇，长着野兽的头和蛇的身子，名叫琴虫。

九凤与强良

大荒之中，有山名曰北极天柜，海水北注焉。有神，九首、人面、鸟身，名曰九凤。又有神衔蛇操蛇，其状虎首人身，四蹄长肘，名曰强良。

译文

大荒当中，有一座山名叫北极天柜，海水从北边灌注到这里。有一个神，长着九个头、人的脸、鸟的身子，名叫九凤。还有一个神，嘴里衔着蛇，手里握着蛇，生有老虎的头、人的身子、四个蹄子和长长的手肘，名叫强良。

黄帝杀蚩尤

有系昆之山者，有共工之台，射者不敢北乡。有人衣①青衣，名曰黄帝女魃②。蚩尤作兵伐黄帝，黄帝乃令应龙攻之冀州之野。应龙畜水。蚩尤请风伯雨师，纵大风雨。黄帝乃下天女曰魃，雨止，遂杀蚩尤。魃不得复上，所居不雨。叔均言之帝，后置之赤水之北。叔均乃为田祖。魃时亡之，所欲逐之者，令曰："神北行！"先除水道，决通沟渎。

注释

①衣（yì）：穿。②魃（bá）：传说中引起旱灾的鬼神。

译文

有一座系昆山，上有共工台，凡是射箭的人都不敢向它所在的北面开弓（以示敬畏共工的威灵）。有人穿着青色的衣服，名叫黄帝女魃。蚩尤兴兵攻打黄帝，黄帝于是命令应龙到冀州的原野上抵御他。应龙蓄积了大量的水，蚩尤便请来风伯和雨师，兴起大风大雨（使应龙所蓄积的水失去了作用）。黄帝于是请下叫魃的天女，她一下来风雨就停了，于是就杀了蚩尤。魃用尽了神力，不能再上天，所居之地没有一点雨水。叔均上奏天帝，后来把她安置到了赤水北边（这样一来，就解除了旱灾的威胁）。叔均就成为田祖。女魃常常逃跑，（所到之处都会出现旱情）当地人想要驱逐她就会祷告说："请神向赤水北边去！"事先清理水道，疏通河沟（这样往往就能降雨）。

神话故事演绎

风伯雨师

风伯，又称风师、箕伯，原名飞廉，原是蚩尤的师弟。风伯的相貌与众不同，他长着布满了豹纹的鹿一样的身体，有孔雀一样的头，头上的角稀奇古怪，有一条蛇一样的尾巴。

飞廉在祁山的时候，发现对面山上有块大石，每次风雨来时便飞起如燕，等天放晴时，又安伏在原处，他不由得暗暗称奇，于是留心观察起来。

有一天半夜里，这块大石动了起来，转眼变成一个形同布囊的无足活物，从地上深吸两口气后，仰天喷出。顿时，狂风骤起，飞沙走石，那怪物又似飞翔的燕子一般，在大风中飞旋。飞廉身手敏捷，一跃而上，将它逮住，这才知道它就是运通四时气候，掌管风的"风母"。于是，他从风母那里学会了致风、收风的奇术。

在蚩尤和黄帝部落展开的那场恶战中，蚩尤请来了风伯、雨师施展法术，只见天地间突然风雨大作，黄帝部众迷失了方向。后来，黄帝布下九天玄女所授的阵势，又利用指南车辨别了风向，才把蚩尤打败。风伯被黄帝降伏后就乖乖地做了掌管风的神灵。风伯作为天帝出巡的先锋，负责扫尽路上的障碍。天帝出巡时，总是雷神开路，雨师洒水，风伯扫地。风伯的主要职责就是掌管风，运通四时气候。

天上掌管雨的神仙，叫作屏翳，也叫号屏，又叫玄冥，其实就是赤松子（又写作"赤诵子"），为炎帝神农氏时施雨的雨师。

相传远古时代，人们以采集和渔猎为生，一日无获，就得挨饿，日子过得很艰难。后来，神农氏用木制作耒、耜，教大家种植谷物，秋收冬藏，人们的生活才有所好转。于是，神农氏被众人推为首领。

谁料一场罕见的旱灾降临了。一连数月，天上没有一滴雨降下，田里的禾黍全都枯萎了。旱情最重的地方，川竭山崩，皆成沙碛，连人畜都要渴死，甭说汲水浇地了。

正当神农氏头发快愁白时，不知从哪儿跑来一个蓬头跣足、形容古怪的野人，他上披草领，下系皮裙，手里还拿根柳枝。野人自我介绍道："我叫赤松子，曾随师父赤道人在昆仑山西王母石室中修炼多年。赤道人常化为飞龙，南游衡岳，我亦化为赤虬，跟在他身后，还学会了布雨的本领。"

神农氏闻之心喜，马上让他展示一下。但见赤松子取出一种叫"冰玉散"的东西吞下，便化为一条虬龙，飞上天空。霎时间，天上乌云密布，一场倾盆大雨浇下，眼看就要枯死的庄稼又恢复了生机。神农氏大喜，立刻封赤松子为雨师，命赤松子管理布雨施霖之事。

黄帝打败炎帝部落，九黎的头领蚩尤不服，兴兵作乱，连赤松子也投奔了过去。等黄帝率领众部落与蚩尤大战于涿鹿之野时，赤松子化为一条虬龙，飞廉变成一头小鹿，一道施起法术。

霎时间，天昏地暗，走石飞沙，暴雨狂泻，飓风卷飙。黄帝和他的部下在一片混沌中，连东西南北也辨认不出，哪里还能作战。蚩尤趁机发动进攻，杀得他们节节败退。就这样，蚩尤倚仗飞廉和赤松子能征风召雨的优势，九战九胜，迫使黄帝一方连连后退，一直退到泰山。

后来黄帝想办法破了赤松子和飞廉的法术，还活捉了他们。因为这两个人都表示降服，黄帝仍让赤松子当雨师，又封飞廉为风伯，要他们改恶向善，从此为民造福。

又相传这位赤松子先生曾做过炎帝神农氏的雨师，后来从西王母那里得到了不死药之类的东西，能入火自焚，随风雨而上下，成了仙，上了天。

直到高辛氏的时候，赤松子才想起自己的职责，又回到人间来做雨师。炎帝到高辛氏之间隔着黄帝、少昊和高阳三代，原来那几百年竟是滴雨未下。

烛　龙

西北海之外，赤水之北，有章尾山。有神，人面蛇身而赤，身长千里，**直目正乘**[1]，其瞑乃晦，其视乃明，不食不寝不息，**风雨是谒**[2]。是烛九阴，是谓烛龙。

注　释

①**直目正乘**：直目：指眼睛竖生。乘：疑是"朕"字之假音，"朕"可以引申为眼缝。正乘：是说烛龙两眼合缝处是直的。②**风雨是谒**：意思是以风雨为食。谒："噎"字的假音。

译　文

西北海海外，赤水的北边，有一座章尾山。山中有一个神，长着人的脸、蛇的身子，全身都是红色的，身体长达千里，眼睛竖生，眼睑是条直线。当他闭上眼睛的时候，天就会昏暗；当他睁开眼睛的时候，马上就变为白昼，他不食不睡不息，只是吞风喝雨。他能照亮九重泉壤的黑暗，所以叫他烛龙。

烛龙圣神

盘古开天辟地以后，宇宙便有了其独特的样子。世界变得充实、复杂了。于是，新问题出现了。太阳、月亮仿佛一对调皮的孩子，每日想什么时候出来就什么时候出来，玩得高兴时会三天三夜不睡觉，不高兴了就门都不出，躲在家里睡懒觉。整个世界混乱极了，毫无秩序，没有四季的变化，没有昼夜的区别。

正当这时，宇宙间出现了一个巨大的神，他居住在西北海之外，赤水以北的章尾山上，名字叫烛龙。

烛龙圣神长得非常奇特，头上是人的面孔，身子却是长长的蛇身。他的皮肤是红色的，身子有一千里长。他的两只眼睛很特别，像橄榄一样倒立着，十分明亮，合拢时就是两条笔直的缝。

烛龙圣神的神力十分强大，能够照亮九重泉壤的阴暗。他的本领很大：只要双眼一睁开，宇宙间立刻被照得如同白日一般；眼睛一闭，刚刚明亮的天空马上被夜幕笼罩。他随意呼一口气，宇宙间顿时烈日炎炎，夏天便来临了；他吹一口气，雪花便纷纷从空中飘下来，火热的大地就会被冰雪覆盖，冬天就悄然而至。烛龙圣神为了维持宇宙间的次序，就这样眼睛睁闭开合，无休止地为人类服务着。就在这一睁一闭中，昼与夜之间有了规律性的变化。一年四季也在这有节奏、有规律的一呼一吹中循环往复，运转不停。

那么具有神力的烛龙圣神靠吃什么维持生命呢？答案是什么都不需要。烛龙圣神不吃饭，不睡觉，当然也不呼吸，因为他的呼吸会成为万里长风。也不知他的力量从何而来，烛龙圣神就这样不知疲倦，永不休息。

有时他看到人们遭受灾害，生活十分凄苦，便会流下同情的泪水。

这泪水一落到人间，就变成了雨水，滋润着宇宙万物的生长，给人们的生活带来幸福。

烛龙圣神不仅为宇宙万物造福，相传他还常常口衔蜡烛，烛光照在天门中，便照亮了天地。他就这样永不休止地为宇宙万物做着贡献。

山海经·海内经

韩流生帝颛顼

流沙之东，黑水之西，有朝云之国、司彘之国。黄帝妻**雷祖**①，生昌意。昌意降处若水，生韩流。韩流**擢**②首、**谨**③耳、人面、豕喙、麟身、渠股、豚**止**④。**取**⑤淖子曰阿女，生帝颛顼。

注　释

①雷祖：即嫘祖，传说是教人养蚕的始祖。　②擢（zhuó）：拔，这里是物件吊拉变长的意思。③谨：小心慎重，这里引申为细小的意思。④止：足，脚。⑤取：通"娶"。

译　文

流沙的东边，黑水的西边，有朝云国、司彘国。黄帝娶雷祖为妻，生下昌意。昌意被贬到若水这个地方来居住，生下韩流。韩流长着长脑袋、小耳朵、人脸、猪嘴、麒麟身子，两腿并生在一起，还有两只像猪蹄似的脚。他娶了淖子族的阿女为妻，生下颛顼帝。

盐长国

有盐长之国。有人焉鸟首，名曰鸟氏[1]。

盐长国人

延　维

有人曰苗民。有神焉，人首蛇身，长如辕，左右有首，衣紫衣，冠旃冠，名曰延维，人主得而飨食之，伯天下。

译　文

有一种人叫苗民。他们信奉的神，长着人的头、蛇的身体，身子有车辕那么长，左边和右边各有一个脑袋，穿着紫色的衣服，戴着旃帽，名叫延维。国君如果能得到并奉飨祭祀他，就会称霸天下。

钉灵国

有钉灵之国，其民从膝巳下有毛，马蹄，善走。

译　文

有一个钉灵国，这个国家的人从膝盖以下都长着毛，生有马的蹄足，健步如飞。

钉灵国人

166